地域ではたらく「風の人」という新しい選択

ローカルジャーナリスト
田中輝美
法政大学社会学部メディア社会学科
藤代裕之研究室

HARVEST ハーベスト出版

未来を変える人づくり

ソニーを辞めてIターン。過疎化で廃校寸前だった離島（島根県海士町）の高校を、全国から希望者が集まるように変えた熱い男。「死んでも何か残ることをしたい」。

01

岩本 悠

島根県教育魅力化特命官

帰れる場所をつくる

ＮＰＯを立ち上げてビジネスプランコンテストを行い、地域を活性化させた。元リクルートのトップ営業だが、地域では一時お茶くみだった。地方の固定観念を壊そうとする。

02

本宮理恵

横田高校魅力化コーディネーター

ジモトをカッコ良くする

国会議員秘書やNGOを経てUターン。地域で働くイメージをカッコいいへと変えた。地域づくりに取り組む若者の憧れの存在。夢は世界平和。「穴を埋めるのが僕の仕事」。

03

三浦大紀

シマネプロモーション社長

ここは劇場、私は女優

山奥の町に全国から女性を集める美人すぎる公務員。日経ウーマン・オブ・ザ・イヤーで地方のパワフル女子として紹介された。子ども時代いじめに遭い、トラウマがある。

04

三成由美

奥出雲町役場職員

僕といれば奇跡に出合える

駅前ホールの片隅で、観客がゼロになったら、即終了の「365日公演」に挑戦する。中途半端な人生を続けてきたが、地域から救いの手が…

05

西藤将人

劇団ハタチ族代表

田舎だとチヤホヤされる

『秘密結社 鷹の爪』など数々のヒット作を生んだ売れっ子映像クリエイター。ボロボロになって偶然訪れた島根で、ネットでフラッシュアニメを手掛けて話題となり、東京にUターンした。

06

FROGMAN

映像クリエイター

僕はDr.コトーじゃない

日本で最も先進的な離島医療を実践する医師。真っ赤なオープンカーとヨットに乗り、ワインを愛する。「もう、東京で働いてるやつばかじゃね?って感じ」。

07

白石吉彦

隠岐島前病院院長

人を生かし、生かされる

過疎のまちに一五万冊の在庫をそろえる古本屋社長で、地域に必要な人を連れてくる「人さらい」。風の人の影のプロデューサー。ＡＥＲＡ「日本を立て直す１００人」に選ばれた。

08 尾野寛明

エコカレッジ社長

はじめに

「地域という言葉にこれっぽっちも興味がない」という人、「面白い仕事なんてなさそう」と思っている人がいるかもしれません。ですが、今、地域は最も新しい、未来をつくる人たちがチャレンジする場所なのです。地域で働くってカッコいい！

地域をつくっているのは、人です。面白くするのも、つまらなくするのも、人。だから、地域の問題なのではなく、あなた自身がどうするかです。つまらない地域も人生もない。誰だって、どこに住んでたって、自分で面白くできる。そのヒントがこの本にあります。

この本は、島根に暮らしながら、地域のことを伝える「ローカルジャーナリスト」の私、田中輝美と、東京にある法政大学社会学部藤代ゼミの学生が、一緒に書きました。私一人で書かなかった理由は、地方の人にも都会の人にも読んでもらいたかったからです。

冒頭の言葉は、この本を書く前の藤代ゼミ生のものです。

私も昔はそう感じていたことを思い出しました。関西の大学を卒業し、目指していた大手新聞社ではなくふるさとの島根で就職したときに「都落ちだな」と悔しいような、複雑な心境でした。でも、今は、まったく違います。私が暮らしている島根は、最高に面白い！

え？　と不思議に思われるかもしれませんね。島根は、人口が七〇万人を割り、全国で二番目に少ない県です。過疎化、高齢化も進み、悲惨でかわいそうな地方の代表というイメージで語られることが多いです。でも、そんな面ばかりではありません。人と人がつながり、生き生きと働き、日本の未来をつくっている。そう感じられるから、心から面白いと思うようになりました。

どんな働き方があるのでしょうか。ソニーから縁もゆかりもない離島にIターンし、廃校寸前だった離島の高校を全国から希望者が集まる高校へと生まれ変わらせた人。国会議員秘書やNGOを経験してUターンし、地域をプロモーションする会社を立ち上げた人。ないならつくればいい。地方か都会か葛藤した経験をバネに「帰ってこれる島根」を実現しようと、NPOをゼロからつくった人もいます。

そんな様子を取材しているうちに、ある共通点に気付きました。彼、彼女たちは、地域に新しい視点をもたらす「風の人」ともいえる存在なのです。地方と都会をまたいで活動し、風を運び、風を起こし、去っていく。

「風土」という言葉もあるように、地域には「土の人」と「風の人」がいる、と言われます。土の人とは、その土地に根付いて、受け継いでゆく人のことです。土の人はもちろん地域を支える大切で欠かせない存在ですが、土の人ばかりでは、どうしても、新しい発想や視点が生まれにくい面があります。

一方、風の人は、一カ所に「定住」せず、わずかな期間で他の地域に移動することも少なくありません。異質な物や考えを運んでくることは、あつれきを生む原因にもなります。理解されずに、誤解されたり、無責任だと批判されたりすることも珍しくありません。

それでも、日本全体の人口が減る中で、新しい出会いやチャレンジは、何もしなければ、確実に減っていきます。誰もが地域に定住できるわけではないし、仮に定住しなくたって、関わってもらって、風を吹き込んでもらえばいい。日本の未来を考えれば考えるほど、地域には風の人が必要だ、と思うようになりました。

この本は、風の人だけではなく、土の人にも届けたいと考えています。これまで、新しく地域に来たよそものが「いつまでいるの?」と定住の覚悟を問いかけられる場面を見てきました。大切なのは、定住するかしないかではなく、その風を受け止めて生かすのか、よそものによる雑音として流すのか、地域の人たちの姿勢です。これからは、風の人に「来てくれてありがとう」と言える地域が生き残っていくのだと思います。

この本には、八人の風の人が登場します。

彼、彼女たちも、最初から風の人として活躍できたわけではありません。それぞれ答えなき道に迷うこともありました。それでも、地域に「何もない」「何もできない」と嘆くのではなく、望ましい未来を一歩ずつ、つくってきました。一人ひとりのストーリーを通して、新しい働き方が見えるのではないかと思います。それよりも、まず、風の人って何だろう？　もっと詳しく知りたいと思った人は、ジャーナリストで、ゼミの指導教員でもある法政大学藤代裕之准教授の「日本には風の人が必要だ」という章から、読み進めてみてください。

ゼミ生たちは、島根を訪れ、風の人たちを取材する中で変わっていきました。「地方でも、自由に面白く働くことができるんだ」「やりたいことをチャレンジする場があるなら、場所は関係ないよね」。ゼミ生の変化は「取材を終えて」や座談会で読むことができます。そして、この本のことを「地方か都会か、ではなく、何かにチャレンジしたいと思っている人にも読んでもらいたい」と話すようにもなりました。

この本を読みながら、そう思ってもらえたなら、本当にうれしく思います。何より「じゃあ自分も何かやってみようかな」と一歩を踏み出してもらえたら、もっともっとうれしいです。その一歩から、すべては始まるし、その積み重ねで、地域も人生も変わります。何もない、つまらないって言ってるくらいなら、自分が変えてみませんか？　地域を、日本を、一緒に、面白くしましょう。きっとできます。

田中　輝美

平成二七年七月

目次

01

岩本　悠

未来を変える人づくり

いわもと・ゆう

島根県教育魅力化特命官。1979年、東京都生まれ。東京学芸大在学中にアジア・アフリカ20カ国の地域開発の現場を巡り、その体験をもとに『流学日記(文芸社／幻冬舎)』を出版。印税でアフガニスタンに学校を建設する。卒業後、企業で人材育成や組織開発を担当。2006年、島根県海士町へ移住し、県立隠岐島前高校の魅力化プロジェクトに取り組む。2015年４月から島根県庁で県全体の教育魅力化に携わる。

未来を変える人づくり

岩本　悠

島根県海士町《あま》――人口約二四〇〇人の日本海に浮かぶ小さな過疎の島だが、ものづくりと人づくり、この二つの改革を進め、外から若者が集まる場所へと変化した。廃校寸前の高校を立て直したのが岩本悠さん。学生時代から本の出版や途上国の学校建設など、多くのチャレンジに取り組んできた岩本さんは、島での飲み会をきっかけにソニーというエリートコースを捨て、Iターン。学校再生プロジェクトに挑んだ。

生きた証を残したい

飲み会で島の人たちと学校再生の話になって。僕もいくつかアイデアを出したら、「悠さんそれいいねー」「それ面白いねー」と盛り上がった。次の日呼ばれて、真剣に「こっち来てやらないか」って。勢いで「やります！」って言っちゃいそうになったけど。まあ、その場は「考えさせてください」って引き取って。結局、考えた結果、やることになるんだけど。

ただ、勢いだけで決めたのではなかった。岩本さんの根底にある想いと島からの依頼は通じるところがあったのだ。

中学生の頃、人はいつか死ぬものだから、死んでも何か残ることをしていきたいと思ったんだよね。できれば、自分じゃないとできないこと、自分じゃないと残せない何かを残したい。それってどんな仕事ならできるのか身近なものから考えて。

坊主頭にパーカー姿。そんな学生のような姿で腕を組みながら、中学生なりに考えた将来のことを思い出す。

教師。教師は、自分の教えたことや与えた影響が残っていくんじゃないか。しかも、その影響は教え子を通じてさらに広がっていく。教師は勉強を教えるだけでなく、考え方とか生き方とか、その人を形作る大事なものに影響を与える仕事。教師がいいなと思いました。

腹の底にある想いは「教育」と「人づくり」。その想いは変わらず、大学は教員養成の東京学芸大学に進学。学びたかったのは、教科の知識や授業の仕方ではなかった。

知識を教えるということにはあまり興味がなくて。人の成長に関わる心理学や教育学を総合

的に学べたらいいなと。でも、大学に入ったら、当時の講義や勉強とかに興味を持てなかった。情熱を傾けて向き合うものが見つからなかった。短期的な目標や刺激、例えばイベントの開催とか、目の前に面白そうな目標をつくるとそこまではバッと向かえるけど、終わると何かむなしさが残った。

大学の外へと意識は向かった。通学に使っていたママチャリで、東京から兵庫まで行ってみたり、さまざまな手段で日本中を回った。

自転車で走るってすごく気持ちいいなと思って、これでどこまでも行ったら最高だろうなーって。じゃあこれでおばあちゃんの家まで行ってみようと、兵庫まで。次はバイクになって、九州や北海道へ。青春18きっぷを使ってみたり、ヒッチハイクとかもしたりしながら、日本中回って面白かったんだよね。で、大学一年の最後は、海外へ行きたいなーと思って。

各地で感じた、今までにない刺激。新しい人との出会いや、文化との触れ合いは新鮮で、大きな感動だった。もっと遠くへ。日本では飽き足らず、海外へ飛び出した。

キリマンジャロで悟った

大学の春休みを使って、一カ月半旅したインド。街にあふれるストリートチルドレン、脇道に入れば死にかけた人が倒れている。日本との生活、文化の差を感じた。

今までの価値観が崩れていくような感覚がそのときにあって。空港の両替所でもお金をちょろまかそうとしてきたり、元気そうに遊んでた子どもがカモになりそうな人を見つけたら、急に足をひきずってつらそうな顔で近づいて物乞いを始めたり。そういうのを見て、必ずしもだますことが悪いことじゃないのかなとか。彼らは生活のためにやってて。

インドでの経験がきっかけで、大学を休学しアジアやアフリカを一年かけて回った。スラムの子どもたちと一緒に遊んだり、イスラムの部落でパトロールに同行したり。近い距

離で現地の人と触れ合った。

もっといろいろな世界が見たいと思って、まとめて行ってみようと。外に行ったら自分の視野が広がったり、自分自身に固有の価値観というか、自分の内面がしっかり見えてくるんじゃないかと思ってたんだよね。

アジア、中東、アフリカなど二〇カ国を巡り、多くの刺激を受けた。「世界は僕らの学校だ」というコンセプトでまわったその旅を、岩本さんは「流学」と呼んだ。

キリマンジャロを登っていたときに、なんか悟ったような勘違いをして。俺は幸せに生きるための大切な真理に気付いてしまったと。「山を降りて、多くの人に知らせなくてはいけない」と変な使命感を持ってしまってね。その瞬間に限らず、この流学の中で学んだことは自分だけじゃなく、多くの人にとっても価値があることだし、特に自分と同じぐらいの若い人に伝えなきゃいけないと思ったんだよね。

悟ったと勘違いしたのは「若気の至り」だったと恥ずかしそうに坊主頭をかく。

まずは流学中ずっと書いていた日記をまとめて、メールで発信した。そしたら、「すごい元気をもらった」とか、「自分ももっとチャレンジしてみようと思った」みたいな反応があって。

これはうれしいなと。それならもっと多くの人に知ってほしいなと思って、本にしようと。そう思ったんだよね。

感じたもの、考えたこと。それを中学生のときから毎日振り返り、日記につづっていた。それは自分と対話し、成長させるために大切にしていた内省の時間。そんな日記は流学中に学んだことそのものでもあった。例えば、キリマンジャロでの日記。

僕がずっと探し続けていたモノ。それは自分だったんです。…（省略）そして、僕がこの流学を通して身をもってわかったこと。それは、どこへ行っても、宗教も言葉も文化も人種も服も食べ物も価値観もみんなおもしろいぐらい違うのに、みんなおもしろいぐらい同じだってこと。結局みんな幸せを求めて生きている人間でした。…

（流学日記　サガシモノ　一二月二〇日　一部抜粋）

人生を幸せに生きるために大切なことが書かれたもの。読まれるはず。自信たっぷりに、書籍化へ動き出した。

いろいろな出版社に送ったんだけどね。まったく相手にされなくて。そもそも読んでもくれないしね。会って話をしても全然ダメ。そんな中で自費出版という形を知って。人に頼んでも分かってもらえないなら自分でやるかと。

二〇社以上に送ったものの、反応がない悔しさ。自費出版に必要な二〇〇万円は手元になかったため、知人から借りた。

印税でアフガンに学校

原稿を仕上げ、表紙や帯、紙面のフォント、ポップ作りまで、全て自分でしなければいけない。デザインは友人の芸大生にお願いし、何度も深夜に打ち合わせた。本の中の写真は、「体育」「家庭科」「世界史」など学校教育と対比して配置した。新たな学びのコンセプトを伝えるために多くのコピーも考えた。「旅は学び」「習うより歩け」「世界は僕らの学校だ」。学びはどこにでもある、そんな想いを伝えようとした。

あんまり文章は得意な方じゃないから、すごく大変だったし、でも、面白かった。自分の奥底から湧いてくる言葉を紡ぎだしていく。文章を精査し削るときなんかは、痛かった。まさに身を削るような感じ。だから、出来上がった時には本が自分の分身みたいに感じた。まあ、魂を込めたというか、人生を懸けたような、そりゃすごい思い入れがあったからね。

苦労話にも関わらず笑みがこぼれる。まるでおもちゃを与えられた子どものような無邪気な笑顔だ。そんな宝物ともいえる「流学日記」は口コミで話題を呼び、四万部を売り上げた。徐々に注目され、反響も大きくなる。次に考えたのは印税の使い道。

本をつくるための借金を印税で返すのはなぜかカッコ悪いと思ったんだよね。いろんな人にお世話になって、助けてもらって、学ばせてもらって、それでこの本ができたわけで。なんか恩返しをしたいという気持ちがあった。だから、このお金は恩返しのために使おうと。海外で学ばせてもらったんだから、今度は学びの場を恩返ししたいと思って。それで、学校を建てようと思ったんだよね。

場所は、当時九・一一のテロの後にアメリカ軍が侵攻したアフガニスタンを選んだ。流学中に見た難民キャンプで生活する子どもたち。日本に帰国後も難民支援に関わるなど、いくつかの理由が重なった。岩本さんはそれを縁と表現した。その理由の中にはこんな想いもあった。

善と悪に分けて、「自分たちが正義。あいつらは悪だ」とか、そういうのが嫌だったんだよね。強い者、勝った者が正義になっていくこととかに、違和感というか。必ずしも、どっちが正義だとか言えなくないかなとか。世の中の動き方にある種の憤りみたいなものがあって。そうした中で、自分たちの地域や暮らし、大切なものを守ろうと思ったら、やはり「力」が必要なんだなと。そういう力の源泉になるものが学びや教育だよなって。

在学中に学校をつくるプロジェクトを行っていた岩本さんは、新卒ですぐに学校の中に入って教師になるよりも、グローバルに戦う企業で自分自身にもっと力をつける必要性を感じた。卒業後はソニーに就職し、企業における教育や人づくりを担う人材育成や組織開発に従事。新人による新人のための新人研修や、組織風土改革に向けたコーチングやインドでの教育支援事業などを行った。

結構好きなことをやらせてもらった。個人の力では絶対できなかったようなことも組織ならできたりするわけだよね。自分とは桁の違う金があったり、ブランドもあったり、人もいたり。やればやるだけ認められ、成果を出せば、そんなにダイレクトにじゃないけど、給料が増えたり、評価される。会社っていいところだなと思った。もちろんダメだって言われることはあるけど、ほとんどは挑戦させてもらった。家に寝に帰る時間ももったいないと思って、会社のトイレで頭や体を洗い、寝袋で会議室に泊まってたときもあった。

会社という組織に悩んだこともあった。組織の中では全て希望が通るわけではない。しかし、それ以上に思い出されるのはもらったチャンスのこと。満足そうにこう振り返った。

ひと言でいうと感謝かな。いっぱい挑戦させてもらって、失敗させてもらって、伸ばしてもらった。今になると感謝しかないよね。

「海士ってよく分かんねー」

ソニー時代に友人に誘われ、出前授業に出かけた島の飲み会で出たのが学校再生の話だった。島根県立隠岐島前《どうぜん》高校。二〇〇八年の入学生の人数はわずか二八人。島の高齢化率は四〇％にも上り、少子化や人口減少により、高校の存続も危うくなっていたのだ。

話があったときは、まず海士って読めないし。「海士島なんですか？」って聞いたら、「いや海士町です。島の名前は中ノ島」とか言われて、「よく分かんねー」って思って。行き方を聞いても、聞いたことのない地名ばかりで、ほんとにどこにあるか分からなかった。

島というから沖縄とか鹿児島とか暖かい南国に違いないと思っていた。生まれも育ちも、会社生活も東京で過ごしてきた岩本さんは、地方にあるイメージを持っていた。

当時の僕の偏見でいくと、田舎というのはだいたい排他的。チャレンジに対する許容もないし、新しいものとか異質なものを受け入れて、ましてやそれを生かそうという発想なんかは、ないだろうと。もっと言えば、自分がそんな固定観念を持っているなんてことも自覚していなかった。

持っていたマイナスのイメージ。こんなイメージはもしかしたら多くの人が持っているかもしれない。

実際に海士に行ったら、こんなところにこんな人たちがいるんだなと目からうろこだった。島根というへき地の中のさらにへき地の離島。きっと閉鎖性の塊だろうと思って行ったんだけど、決してそうじゃなかった。志があるし、チャレンジもする。しかも、異質なものを受け入れて生かそうとする。それが、衝撃だったよね。

岩本さんが海士で活動をするきっかけになったのは田舎にはないと思っていた、その「許容」の部分だ。出前授業の後に開かれた飲み会で、海士の役場や教育委員会の人たちから高校がつぶれそうだという話題になった。

東大へ進学するためにわざわざこの島に来る生徒はいないと思うけど、学力だけじゃなくて、地域も生かして人間力もつける新しい教育を展開すれば、東京からも学びに来るだろうと。まあ、飲みながら、そんな話をしたわけですよ。そしたら「悠さん、それいいね」って。「それこっちに来てやらないか」と。

島の人が話した学校再生のアイデアは当時流行していた漫画『ドラゴン桜』のようなスタイ

ルで有名大学への進学を目指すのはどうかというものだった。それはこの地域に合わないのではないか。岩本さんが話した、学力だけでなく人間力を伸ばすアイデアは好反応だった。

場所は人口減少、超少子高齢化、財政難という日本の課題の最先端であり、社会の縮図ともいえる離島。そこには、自分たちの島をどうにかしたいという危機感と本気があった。そんな地域からのオファーと自分自身の生きる道が結びついた。

僕には教育を通して社会をより良くしていきたいという気持ちがあり、島からの話は地域社会における教育の課題解決だったわけで、テーマ的にはつながる。地方の学校の存続というのはこれから全国的にさらに広がっていく問題だし。まずは海士でモデルをつくることで、日本全体にも波及できると考えると、自分のやりたいことと重なると思って。

海士で学校再生ができれば、今後の少子化の中での学校存続に関わる一つのモデルケースになる。生徒を増やすには、学校の魅力を高める必要がある。島前地域では、理系科目の教員不足などから、大学進学に不安を感じ、教員のそろう高校に通うために島を出る生徒もいた。では、島というへき地でどのような学びをつくるのか。

これだけの人がいて、地域があって、文化がある。やっぱり地域全体を学びの場にして、学力だけでなく、人間力も身につく教育をやって魅力的にする。長い目でみれば、ただ目先の進学実績を追いかけるより、地域リーダーも育つし、地域のためにもいいんじゃないかと。実際

にやっていったら、結果的に進学実績も上がったけどね。

進学だけでなく、その先を見据えて社会で活躍できる、もしくは島に帰って地域を盛り上げる人を育てる。そのために、地域社会のために動ける知恵と志を持てるような教育をする。その人づくりは今後、必ず地域の財産になる。

もともと田舎暮らしとか島暮らしとかに興味はなかったし、地域の活性化に携わりたいとも別に思っていなかった。海外に行こうと思っていたから。この島に縁もゆかりもないし、この学校も自分の母校でもないわけで。でも、この人たちとなら何かやりたいと思えたんだよね。

まずは自分が変わろう

二〇〇八年、岩本さんたちが中心となって島前高校の「魅力化プロジェクト」が始まり、学校カリキュラムの変更などを進めていった。翌年からは全国から生徒を募集する「島留学」を導入。東京や大阪などの大都市圏からを中心に少しずつ生徒も増え、現在では生徒の三分の一は島留学の生徒に。一時は八〇人台まで落ち込んだ全校生徒数も二〇一五年には一六〇人まで回復。一学年一クラスに減っていた学級数も二クラスに復活した。

ポイントの一つは時間だね。時間をかけて人間関係や信頼関係が培われていったし、成果も出始めていったというのがあったかな。時間をかけて土を耕して、種をまいて、芽が出てくるのを待つというか。最初は超低空で進んでいたものが少しずつ上がっていく二次関数のグラフみたいな感じだったかな。

信頼を得るためにも、まずは自分が変わろうと思った。教員免許を新たに取り直し、英語の授業なども持った。地域に入るために行事や宴会に参加。島に伝わる島前神楽も始めた。自分はどう見られているのか。どこができていてどこがダメなのか。さまざまな人に本音の意見を言ってもらった。

・海士と外をつなげる人（だけど、時にはかき回しすぎ、悪影響なところもある）
・自己顕示欲が強い。（オレがオレがになっていない？）
・自分スタイルを曲げないところはいい所だけど、曲げんといけんときもある。
・字が汚い。字が達筆だとそれだけでかっこいいので、もっと字を綺麗に書けるよう。

（ブログ　悠学日記　二〇〇九年一月一〇日　一部抜粋）

そんな周りの意見を良い評価も、悪い評価もブログに公開した。それぞれの意見にコメントをつけて。おごらず、気負わず、強みを生かして、成果につなげる。ブログの最後にはそんな強い決意を書いた。この島の状況を変え、結果を出すために。

まず、自分から変わるっていうのは意識したね。地域の中でも学校でも。それで自分の周りの空気が変わり、島の人や教員の理解とかも大きく変わっていった。変化の結果が時間をかけて目に見えるようになっていったという部分も当然大きいけどね。

変わってきた雰囲気を感じた一つの出来事。それは二〇〇九年に生徒たちが出場した観光甲子園だ。島前三島の人を魅力ととらえた観光プラン「ヒトツナギ」でグランプリを受賞。実際にヒトツナギツアーを実行することで島民とともに外の生徒と交流を行った。教員の理解や信頼も深まった。関わってこなかった教員も声をかけてくれるようになった。少しずつ、一緒に取り組む空気ができてきたのだ。もちろん生徒にも変化が見えた。観光甲子園直前には、深夜まで台本に赤を入れ、ツアーを実行する際には、島の人にお願いして回った。主体的に動く生徒たち。その頑張りは島の人たちにも伝わっていった。

島の人たちがヒトツナギに参加する人の料理やホームステイの受け入れなど、協力してくれるようになった。地域の人たちにとって島前高校ってそこまで関わりがなかったんだけど、応援してくれる人が出始めて、「それなら私やるよ」って自分から言ってくれる人も増えた。

自分で全てを行うのではなく、学校の教員や島の人たちと共に働く。時には仕事以外の付き合いも大切にする。プロジェクトとしてだけでなく、住民として地域で動くことも心がける岩本さんの変化が教員、生徒に伝わり、その熱は島の人まで届いていった。

逃げたらカッコ悪い

高校魅力化プロジェクトの影響は島全体へと広がっていった。だが、始めからうまくいったわけではなかった。雰囲気が変わるまでには多くの時間と苦労があった。

始めは三年のつもりで島に来たからね。一年目で変えて、二年目で成果を出して、三年目で引き継げるところまで仕組みにしてと考えてた。でも、僕が関わってるのは学校の話だから。カリキュラムや教育課程を変えて、新入生を募集して、入ってきた子が卒業してって、それだけでも、最低四年はかかるわけで。よく考えたら、明らかに三年じゃ無理じゃん（笑）。

待っていたのは想像していた環境とは別のものだった。学校の仕組みを変えるのは机の上で考えるよりもはるかに難しい課題だった。本当にその先に希望があるのか。さらに岩本さんは町の嘱託職員。高校は県立で教員が仕組みを担っており、入り込むことが難しかった。最初は「地域教育コーディネーター」。「人づくりプロデューサー」「高校魅力化プロデューサー」と肩書きも転々とした。

校長という立場で行ったら、まったく違う話だったかもしれないけど、まあそんな権限も役割もないからね。トップダウンはできないし、学校の中の人間でもないからボトムアップもできない。なんか斜め下あたりから、やっていかなきゃいけない。共通の認識をつくって、組織をつくって、協議して、計画を作って、そこから実行が始まる。これはすごく時間がかかるなと感じて、出たい。もう、出たいな、と何度も思った。

一方で、この苦しみや葛藤を励みにもした。

ある意味これはネタだなと。この島の課題やこの学校の課題は、多くの地域の課題。この苦しみを乗り越えることが、多くの人や地域のためにもなる。この苦難を切り抜ければ、次の人たちはもっと楽に、もっと早く先に進めるようになる。そう思わないとやってられないし。いけにえみたいなもんかなと。

やりたいことはできない、進めたいことも進まない。自分がなぜこの島に来たか、分からなくなることもあった。それでも、自分を奮い立たせ、前に進んだ。

まあ、ここで逃げたらカッコ悪いなっていつも思ってた。島に行ったけどやっぱり無理だから帰ってきましたーって、すごくカッコ悪いなって。プライドが許さないというかね。やると

言って来たからにはそれなりの成果を出して、それがちゃんと続いていく、そういうところまでやんないと、カッコ良くないなって。

島のよそもの、学校のよそもの

海士には志と許容がある。そう語る岩本さんだが、海士にもよそものに対する抵抗感はあった。その話題に触れるとしばしの沈黙が訪れた。ゆっくりとあぐらを組みなおし、一つ一つ話し始めた。

やっぱり閉鎖的な部分っていうのは当然ある。叩かれたではないけど、批判は多く受けたよね。まあ大抵僕が悪いんだけど。格好も汚らしいし、態度も悪いし、常識もないし。外から来て、なんかカタカナの言葉を使って、俺はできるんだっていう感じで偉そうだったりして。そういうのって、鼻につくよね。「礼儀がなってない」「都会からのＩターンは嫌いだ」とかね。

取材した日の服装もグレーのパーカーに紺のワークパンツ。三〇歳を超えた社会人としては少しカジュアルすぎるかもしれない。外から来た改革者は、島の文化や常識について知らないことだらけだった。地域だけではない。学校という場でも岩本さんはよそものだった。

高校は県立だしね。僕が雇われてるのは町で管轄は違う。なんでこの人が学校にいるの？ってなる。反発はあったよね。意見は聞いてもらえないし。ほとんど僕が悪いんだけどね。

「どうせかき混ぜてすぐ帰るんだろう」。そう言われることや当事者であるはずの島の住人の熱が感じられないこともあった。この地域のために、この学校のためにと、引っ張る自分が煙たがられる。高校魅力化プロジェクトの取り組みに孤独を感じることもあった。

もうここでやるのはほんとに不毛だなっていうかね、これ、あなたたちの問題で、あなたたちが当事者でしょうよって思うときも時々あって。なんで関係ない俺だけや

ってんだよっていう感覚は何度も持ったよね。そんな葛藤をいつも抱えながら進んでた。

「島だからできた」と言われたくない

あくまで海士での取り組みはモデルづくり。ここだけで終わるつもりはない。その先に日本全体の教育と人づくりを見据えている。

人口減少の中で、生徒数が減って学校も減っていくっていうのが潮流なわけで。学校に子どもが増えるという発想はない。そこに新しい流れをつくろうという試みでもあるから。これができれば、学校とか地域づくりとかに新たな道を切り拓ける。それは社会的に意味がある。こうした動きを島前だけでなく、中山間地域をはじめ、全国に広がるようにしていきたい。

高校魅力化プロジェクトはすでに広がりを見せ、島根県内でも横田高校、津和野高校などがプロジェクトを旗上げした。県外にも徐々に広がりつつあり、島前高校のケースはモデルとして参考にされている。

それでも、高校魅力化プロジェクトの広がりに疑問を感じる人もいる。島という場所、海士が持つ雰囲気、そういうものがあったからうまくいったのではないか。岩本悠という存在、山内道雄町長をはじめとする海士の人たちの存在があったからではないか。島前高校のような取り組みは他の地域ではできない。環境、人口、学校の規模の違いを挙げ、できない理由を探そうとすると岩本さんは言う。

島前だけだと、島だからできたんだよねとか、小さいからできたんだよねとか、ああいう人がいたからできたんだよねとか。特殊な事例として言われて「だから僕たちはできないんだよね」って言い訳ができるよね。うち島じゃないし、もっと人口いるし、そういう人いないし。そうじゃないぞっていう、二つ目、三つ目の例がちゃんとできていかないと。

海士だけで終わらせたくはない。今後のビジョンの話に熱が入り、身振りが大きくなる。「自分しかできないことをやりたい」と思って選んだ教育の道で、自分じゃなくてもできるようにしていきたいと思うに至ったという。

地域のテンポに合わせる

孤独を感じながらも何度も島を出ることを思いとどまり、結果を出していった島前高校魅力化プロジェクト。そこまでたどり着くために何が一番大切だったのか。岩本さんは「粘り強さ」を挙げた。

地方でやるなら、粘り強さがないとダメだと思う。想いが違う人とも一緒にすり合わせていかないといけない。地域のテンポに合わせないといけない部分もある。そのためには、やっぱり時間も必要。自分のやりたいことや興味と合ってないと粘り強さは出ないのかもしれない。このプロジェクトは、自分の人生のテーマと重なっていたから、苦手なことでも苦しい時期があっても続けられたのかな。

何かにチャレンジするのに都会ならやりたい人や好きな人を集めれば、挑戦することができる。都会には多様な人たちがあふれている。しかし、地方ではそうはいかない。地方では、やりたい人を集めることができるとは限らない。そのためにやりたい、やってもいいと思える人をつくっていく必要がある。

あとは自分の強みをうまく生かすということも重要かな。人にはタイプがあると思う。例えば、僕はゼロから一を立ち上げる段階は好きだけど、一を二にする、三にするってあんまり得意ではないし、興味が湧いてこない。たぶんそこでは自分の力をあまり発揮できないと思うんですよね。それぞれの強みを生かせる舞台や役割をつくっていかないと元気が出ない。

地方で見つけた教育に関する大きなチャレンジの場。理解者の少ない中での挑戦には大きな困難が伴った。島や学校からの疎外感。島の人との熱の差を感じたときもあった。しかし、それを乗り越え、プロジェクトが動きだしたとき、島や学校の雰囲気は大きく変わった。

もちろんできなかったことはたくさんあるけど、力を尽くした感はあるよね。島前高校自体の流れができて、進めていくメンバーや関係者ができている。今は僕がいないと進まないっていう状況じゃないからね。そういう意味では残ったものはあるかな。

岩本さんは、二〇一五年四月、島を離れ、島根県庁で働きだした。肩書きは、島根県教育魅力化特命官。海士の人たちも、次の挑戦の舞台へと、快く送り出してくれた。各地で教育の魅力が高まれば、日本全体の教育力向上につながり、島留学のような「教育移住」が増えるかもしれない。それは、若者を都市へ送り出し、地方が過疎化してきたこれまでの流れを変える可能性もある。

島前みたいな動きが広がっていくというか。それが高校だけでなく、小学校や中学校まで含めた流れを生み出していきたい。今後は、教育の魅力で子どもや若い家族が「ここに住みたい」とか、「ここで学びたい」っていうところまでつながるのが目標だよね。そして、地域から世界とつながっていけるグローカルな若者たちを育てていきたい。

チャレンジする人は「カッコいい」

取材が決まったときは正直、岩本悠って誰？　という状態でした。とりあえず、ネットで検索。出てきたのは、島前高校魅力化プロジェクト、岩本さんが学生時代に出版した『流学日記』、インタビューなど。片っ端から印刷してファイリングしました。全三冊、重みのある取材資料ができました。岩本さんの印象はなんか意識高そうだな。理屈っぽくて、話が長そうで、あまり近づかないようにしていたタイプの人のように感じました。

資料を調べている中で、聞いてみたいと思うことも生まれました。それはなぜ離島で取り組みをすることを選んだのかということ。

いろいろなチャレンジをしてきた岩本さんですが、それまでの拠点は東京。東京で生まれ育ったのに、わざわざ地方に魅力なんか感じるのか。いろいろなことに挑戦するなら東京のほうが選択肢も多いんじゃないのか。コンビニもない不便さや、地方の人間関係に溶け込めるのか。そんな環境に飛び込む勇気はどこから生まれるのだろう。東京出身の僕にとって、離島に行くってなんで？　という謎は深まるばかり。

疑問は直接ぶつけてみよう。岩本さんから、返ってきた答えは「面白そうなことができそうだったから」という答え。えっ？　という感じ。ちょっと拍子ぬけしました。純粋というか、いい意味で軽いというか。チャレンジするにはフットワークの軽さも大事な条件だなと感じました。

もう一つ感じたのは子どもっぽさ。面白そうとか興味があることには飛びついてみようという姿勢の部分です。「来るものは拒まず、ある程度受けて立ちたいよね」という言葉からは、小学生の時のように、やりたいという素直な感情に従っているように見え、それが岩本さんをいろいろな挑戦に向かわせているのかなと思いました。

頭に残ったフレーズがありました。それは「カッコ悪い」という言葉。岩本さんの根本にある自分が存在したことを残したいという目標が達成できなそうなとき、心が折れそうになったとき、出る言葉。岩本さんは達成することこそがカッコいい、逃げ出す、あきらめることがカッコ悪いと考えているようです。そうなるとほとんどの人がカッコ悪い人になってしまいますね。でも、そこを乗り越えたからこそカッコいい。それが岩本流の美学ではないかと感じました。

正直、島根から帰って、改めて東京の利便性の良さを感じることも多いです。でも、場所を基準にして自分を縛るのはもったいないなと思うようにもなりました。これいい！と思ったら飛び込む勇気も持つ。先が見えないことは怖いし、手堅くいきたい。そう思うことも多くあります。でも、それではカッコ悪い。チャレンジしたから、達成するまで粘ったから分かることがあると思います。そのためにもチャレンジする場を逃さない、興味には素直に反応できる人になりたいと思えるきっかけになる取材でした。

（関根拓郎）

02

帰れる場所をつくる

本宮理恵

もとみや・りえ
島根県立横田高校魅力化コーディネーター。1983年、島根県安来市生まれ。徳島大卒業後、リクルートに入社、岡山支社での営業を経て、島根にUターン。2010年、島根県江津市ビジネスプランコンテスト「Go-con2010」課題解決プロデューサー部門で大賞を受賞し、江津市に移住。NPO法人「てごねっと石見」の立ち上げに関わり、ビジコンを企画運営した。2014年から同県奥出雲町にある横田高校の魅力化に携わる。

帰れる場所をつくる

本宮理恵

三人に一人が高齢者のまちでNPOを立ち上げ、若者が集い挑戦する好循環をつくり出したのが本宮理恵さんだ。地方と都会の間で揺れ動き、大好きだった兄の死によって地方に戻らざるを得なくなる。待っていたのはお茶くみ。面白い仕事はなかった。本宮さんは若者が自ら目標を持って地元に「帰ってこれる」ようにするため、立ち上がる。

毎年ヒーローが生まれる

毎年ヒーローが生まれていく感じがする。廃墟みたいなところだったのが、その人が入ることでおしゃれなバーになったり、飲食店や居酒屋になったりしてるんです。でも、ビジコンって運営する方が大変。出る人がいるかなーって。

ビジネスプランコンテスト（ビジコン）の舞台は島根県西部、石見《いわみ》地方にある江津《ごうつ》市。人口は二万四千人。三人に一人は六五歳以上のまちだ。大きな産業や企業はない。若い人が出て行くのが当たり前の地域だった。本宮さんの印象に残っている一人が、第二回のビジコンで大賞を受賞した多田十誠さん。受賞をきっかけに、江津市中心部から離れた山と畑の中で「風のえんがわ」という古民家を改装したカフェを始めた。シェフの経験を持つUターン者だ。

食材にこだわって、子どもたちに本当に新鮮でおいしい物を食べてほしいって、地域の中でいいと思った物を自分で契約して取り寄せたり、カフェを拠点に子どもの遊び場を作ったり、本を置いたりして人が交流する場所にもなっているの。

最初はアイデアだけだったのが、ビジコンをきっかけにプランがまとまり、共感が広がる。人口が少ないまちでカフェが成り立つのだろうかという点はみんな心配していたが、メディアにも取り上げられ、ビジコンで知った人からも応援されるようになった。さらに、昨年は、多田さんを支援していた仲間の山口さん夫妻がビジコンに応募し、地元の麦と麹を活用してクラフトビールを造るプランで大賞を受賞した。

これまでのビジコン受賞者の活躍を見て「何かしたい」って立ち上がったっていう、ちょっと感動的なビジコンでした。やりたかったのって、こういうことかなって思って。誰かが自分の思いを堂々と語って、それを見て「あ、自分もやろう」って言う人がたくさん出てきたら、地域は面白くなるって思わない?

若い意欲のある人たちが次々とエントリーし、新しいビジネスの芽が生まれてきた。UIターン者も増えてきた。本宮さんは、江津に来たらいろんな人に会える、と外の人に言われたことが何よりうれしかったという。

だって五年前は私自身も「江津に行って何があるの?」って言われてたのに、今だと「あの江津ね」「あの人に会いにいったの?」とか言われるようになった。江津にわざわざ行く人が増えたんですよ。視察も含めて、江津に飲みにいく、会いにいく…やった! 私の思惑通り。

江津で挑戦の循環をつくり、「島根に帰ってきなよ!」と自信を持って言えるようになるまでには苦難や葛藤があった。

流れついて徳島ですよ

本宮さんは兄との二人兄妹。兄は優秀で、その背中はいつも何歩も何十歩も先にあった。背中を追いかけるけれど、どうやっても追いつけない。大学受験の時もそうだった。

兄がいた大阪に行きたかったんですが、受験は失敗でした。

大学で「これをやろう」という具体的なイメージはなかったが、漠然と国際問題や地方のことなどを扱う社会学を学びたいという思いはあった。結果はセンター試験がふるわず、志望する大阪教育大はあきらめることになった。

島根から出たい、どこでもいいから大学に行きたい。私大に行く経済力もないので。じゃあ、国立でってなると、少ないですよ。流れ着いて徳島ですよ。

合格したのは徳島大学。大阪に行くはずが、瀬戸内海を渡っていた。都会に行くはずだったのに。こんなはずじゃなかったのに。まるで島流しの気分だった。

大学二年生のときフィリピンで行われたワークキャンプに参加した。当時は国際問題に興味があった。島根から出たい、都会に行きたいと思うのと同じくらい、世界に出ることにも憧れていた。ワークキャンプの参加者はほとんどが慶応義塾大学やＩＣＵ（国際基督教大学）といった東京のエリート学生。その中に地方大学の学生がぽつんと一人。周りの参加者との間にギャップを感じた。

フィリピンの孤児院とか山間部の様子を見たときに、私の中では島根の山奥の学校が浮かんだんですよ。都会の子たちは山間部に行くまでがしんどいとか、自販機はないし、本屋さんは

ないし、途上国の子はきついねって話をしていて。でも私は、え、当たり前じゃんって思って。島根の山奥のお年寄りの状況と変わらないじゃないと思っていて…。

フィリピンと日本の地方には同じような問題がある。なのにどうして外国のことばかりに目を向けるのか。国際問題に興味があって行ったワークキャンプだったが、そこで図らずも根っこは地方だと自覚した。徐々に世界から地方に心が傾いていった。

「え、自分の住んでいる地域の問題はいいんですか?」って。島根といえば少子化、高齢化、過疎化。あ、じゃあ島根を何とかしなきゃいけないなと思って。まだ若かったので、すっきり地方の方に気持ちが行けたのかっていうと、迷いがあったんです。でも反骨精神とかがあって。彼らは国連とか赤十字とかを目指すわけですよ。それでなにくそって思って。都会に行った大学生には負けないぞって思ったんです。

慶応やICUのエリートたちが迷いなく世界を目指していくことが悔しかった。本宮さんには、彼らと同じように世界を目指すことはできなかった。その差に悩まされた。

学歴コンプレックスだったと思うんですけど、そこまで目指せないって思ってたんですよ。環境も違うし…就職活動をしているときも、学校名で落とされるというのもあったので。でも彼らと連絡を取ると、来年から本当にインドネシアで働くとか言っていて「マジかよ、おい」

って。自分はそこに行けない悔しさがあるけど、何とか島根でやっていきたいというのがあったような…。そんな大学四年生でした。

島根に帰らなきゃという呪縛

本宮さんには大学時代、もう一つ大きな出来事があった。

兄は二二歳で亡くなっているんですよ。自殺です。就職活動をしていて、理系だったんですけど、もっともっと研究をしていきたいと。でも自分は長男なので帰らなくてはいけないって呪縛がずっとあって、銀行に受かっていたんですけど…。

兄にかけられた「呪縛」。それは家を継ぐために島根に帰るということ。兄は、自分の希望をかなえるために都会で研究し続けるのか地方に帰るのか、その二つの間で揺れていた。島根のトップ高校、県立松江北高校から大阪大学に進学。そして銀行に内定という島根のエリートコース。だが、兄は島根に帰ることに抵抗感を持っていた。周りの同級生に、「島根に帰るのってクソじゃないか」と言われていたのだ。

成功ルートなんですけど、本人はずっとずっと悩んでいて、地方か都会か。それで大学四年の時にうつになってしまって。最後は亡くなってしまったんですよ。私がハタチの時で。私がフィリピンに行っているときはちょうど入院中でした。

二人兄妹の本宮さんは兄の死後、親の面倒を見ることを考えざるを得なくなった。ずっと追いかけていた背中が消えてしまい、憧れの存在がいなくなったショックが本宮さんを襲う。それに追い打ちをかけるように「呪縛」が本宮さんの元へやってきた。

兄の影響がすごく大きくて。私は島根の普通高校に行き、地方大学に行った。兄は成功ルートを選んでいるのに、亡くなってしまった。ずっと帰りたくないって思ってたけど、帰らなくてはいけないいって。私も友達に言われましたよ。「島根に帰って何するの。つまんないし」。先生にも言われました。「島根に帰って何があるの」って。

「何もないけど帰ってこい」

就職活動を始め、島根の企業も受験したが、あまり魅力的に感じなかった。都会に出ようとベンチャー企業を受験。内定をもらったが、本当に就職すべきかどうか迷っていた。面接でずっと会社に残ってほしいと言われることに違和感があった。

面接で「うっ」て思うんですよ。ずっと東京や大阪にいたいのかとか、自問自答し始めて、すごく悩みすぎてしまって。気持ちもだいぶ病んで、よくあるじゃない、就職うつみたいな。そこまでなってないけど。2ちゃんねるも見て、ブラック企業というか、自分の行こうとしているところは全部ブラックじゃんってなって。

五月に就活を中断して島根に帰り、ゆっくり過ごす中で、元気が出る瞬間があった。実家から見える中国地方最高峰の大山や小学校時代に歩いた近所の川。もっと自分は地に足のつく生き方をしなければいけないのではないかという気持ちが浮かんだ。就職活動を再開したときには、経験を積んだ上で島根に帰りたいと思うようになっていた。

じゃあリクルートならどうかって。独立大歓迎だし、面接でも「ここであなたは何をしたいんですか」と言われて、「ゆくゆくは島根で仕事がしたいです」って言ったら、「それはいいね」って肯定してくれて…。

「三、四年後に島根に帰ります」と宣言してリクルートに入社し、岡山支社に配属された。上司に「その分ここでしっかり実力をつけなさい。逆に先のビジョンがある人の方が成長できるよ」と言ってもらえたことが励みだった。

一年目はなかなか成果が出なかったけど、二年目は千人の中から年間営業ベスト二〇に選ばれたんです。同僚からは「先輩から引き継いだお客さんの対応や、新人育成がしんどい中で、よく頑張ったね」と言われました。いいお客さんとも出会えたし、とても楽しかった。

宣言通り退職したのは四年後。次のステップで首都圏に異動するかどうかというタイミングであった。

親も帰ってこいって言ってたんです。「何もないけど帰ってこい」って。腹立ちますよね、何もないって言われると。

なぜ何もないのに帰らなくてはいけないのか。親の何気ない言葉が心に引っかかる。しかし、一旦区切りがついたこともあり、「とりあえず」Uターンした。

三カ月で収入五〇〇〇円

島根では、企業には属さず、フリーランスとしてやっていくことにした本宮さん。リクルート出身の若い女性という肩書きも有利なはず。経験を積んで、実力をつけて帰ってきたという自信はあった。だが、得意の提案営業は通用しなかった。岡山は企業数が多く、飛び込みでもアプローチをかければ数字が上がっていった。しかし、岡山と島根では状況が違った。

島根は地域が狭くて、一人のトップがいて、その人が「うん」って言ったら通る世界があって。広告は、ほとんど行政の広告制作事業で、個人が入れる余地がなかったんですよ。今だったらそうは思わないけど、当時は思ってしまったんですね。リクルートと同じ営業をやっていて、島根が楽しいって思えなくて。悶々《もんもん》としたUターンになってしまいました。

本宮さんは、島根美少女図鑑の制作にも参加した。美少女図鑑は新潟発祥の「街に美少女を増やそう」というコンセプトで、主にスナップ写真で構成されるフリーペーパー。発行する地域のクリエイターが制作、モデルもその地域の女の子を採用する。地域の魅力を伝える取り組みとして全国でも注目されている。リクルート時代のお客さんから、島根でも作るという話を聞き、担当者を紹介してもらった。冊子は完成した。だが、本宮さんの得た収入は衝撃的な額だった。なんと三カ月で五〇〇〇円。これでは到底暮らしていけない。

払うって言ってたんですけど、企画者との話もあって、全然利益が出なくて、駐車場代すら渋る自分になってしまって…つらいーって。まだフリーとして甘かったんです。どうしてもお金よりも実績をつくりたいって気持ちがあったんですよ。

そして心もお金も余裕がなくなり、フリーでの仕事は辞めることにした。転職を考えたとき、入りたい企業は島根にはなかった。

これじゃいけん、これじゃいけん

しかし、お金がないことにはどうしようもないため、安定的な収入が得られる安来《やすぎ》市商工会に転職をした。商工会は地域の小規模企業、中小企業が加入し、経営支援を行う公的機関。一年間の緊急雇用の枠に応募した。その後の選択までの猶予期間としての就職だった。

入ってからまず最初にしたのはお茶くみでした。リクルートではお茶くみなんてしたことがなかった。でも、男性はお茶を出さない。女性が出すって文化がありました。すごく抵抗があって。そこでなんかちょっと嫌だなって思ってしまったのと、そう思う自分も島根の企業に合わないいんじゃないかと。

地方の職場に残る女性がお茶を出す文化。リクルートで新しい物をつくるクリエイティブな職場を経験していた本宮さんには違和感があった。

そのころは実家暮らしだったので、お金は安定しました。けど三カ月くらいで「これじゃいけん。これじゃいけん」となって。だから就活を始めました。

一度戻った島根だったが、再び外に出たいと考えるようになった。東京にある起業家を育成するNPOのETIC.に内定をもらい、広島のメーカーのECサイト立ち上げの仕事も紹介されたりした。知り合った島根の会社の社長から採用したいという声を掛けてもらえたが、事務員としてだった。島根か、広島か東京か。苦しい地方か自由な都会か。

島根にとどまることも考えました。いろんな企業さんがあったし紹介もしてもらったんですが、今臨時なので、次も臨時。そういうスパイラルがあるんですよ。私を評価してくれた社長さんの会社はどんどん事業を拡大していたけど、紹介してくれた仕事は事務としてやってくれって。「んんー」って思ってしまったんです。

一度入ったら抜け出せない地方のスパイラル。声を掛けてくれる人も善意だが、うまくかみ合わなかった。地方の人たちは女性が営業する姿や、新しいものをつくっていく姿が想像できないのかもしれない。そう思った。島根を魅力的に感じなかった理由は他にもあった。

帰った時に女性のロールモデルに出会わなかった。すごいエッジがきいた人はいますよ。で

も身近に描ける営業マンの姿がなかった。いったん小さくまとまった頭で次の仕事を探したら、ロールモデルを探していて、いなかったからやっぱり島根で働くのは無理じゃないかなと。

足りないのは覚悟だった

帰っても思い通りにいかない。面白いことができないというジレンマに悩まされ続けた本宮さん。二〇一〇年その状況が一変する。転機は江津市のビジコン「Ｇｏ－ｃｏｎ」。地域の課題解決に興味のある若者を呼び込むために市が開催した。新規創業・経営革新部門と課題解決プロデューサー部門があり、本宮さんは後者に応募した。

最初は知人のツイッターをみてビジコンのことを知りました。江津には行ったこともなかったけど、なんだか面白そうだなって。応募する時は東京と広島と同じ、どこに行くかの選択肢の一つとして考えてました。

ビジコンに応募したものの、ＥＴＩＣ．に入るために東京に行くか迷っていた。岡山時代の知人からは「ＥＴＩＣ．でやった方がいい」とアドバイスされた。

島根で古書店を経営する尾野寛明さんにメールを送った。メンターとしてプランを相談していた。「私の中では、長期的にみて自分のためになるのは、一年間東京のＥＴＩＣ．で働くことかもと思い始めています。江津市は今でないといけない理由はあるのか。悩んでいます」。すると尾野さんから、長い長いメールが返ってきた。

足りないのは今すぐ地域に飛びこむ覚悟だと気付いた。現場に出て、江津でやってみようと決意。ツイッターに書き込んだ。「島根をもっともっと面白くするぞ」。そして彼女の核となる一つの「言葉」が生まれた。

「帰ってこれる島根をつくろう」ってコピーにして、しゃべりまくったんですよ。島根でやるぞって覚悟を決めた時に、自分がせんといけんのは、もっとワクワクして帰ってくる人を増やさないといけないって。「島根でこれするぞ」って帰る人を増やさないと兄も報われないなって。

「帰ってこれる島根をつくる」。この言葉は本宮さんの悔しさ、葛藤、経験の全てだ。自分のあとに続く人たちが自分と同じ思いをしないように。やりたいことをやりたい場所で望んだようにできるように。このキャッチコピーを携えてビジコンに参加した本宮さんは大賞を受賞し、新しい世界に飛び込んでゆく。もうお手本など探してはいなかった。

最初は自分がＮＰＯの経験を積ませてもらうって気持ちだったんです。「ＮＰＯで雇用するので、地域づくりのノウハウを学んでもらいます」って書いてあったんで応募したら、「あな

たがNPOをつくってください」と言われて…「えっ?」ってなって。だけどやらなきゃって決心しました。事務所があるのかと思ったら、事務所の「物件は抑えたから」と言われて、電話線引くところから始めました。

本宮さんにとって予想外の展開。ビジコンで大賞を受賞したとはいえ、その土地に来たばかりの若者にNPOの設立を任せるのか。しかも相手は「お堅い」と思っていた行政、江津市役所からだった。想定していなかったレベルの大仕事。話が違う、そう感じてもおかしくないその仕事にも飛び込んでいった。ある日、メールが届いた。

> 島根県は、今が正念場だと思っています。県西部は、県東部に比較し、過疎・高齢化が一〇年早く進行しています。つまり、全国一といっていいほど厳しい状況です。それだけに、ここで「やれたこと」は全国モデルになります。ぜひ、力を貸してください。

送り主は、中川哉さん。ビジコンの開催を提案した市役所の女性。NPOの立ち上げにも深く関わっていた。こんな力強い言葉を言える行政の職員に出会ったのは、初めてだった。

何かワクワク感があったんですよ。みんなで一緒にこれからつくるんだーって、波に乗っかりたかったんです。中川さんは「あなた色にNPOをつくってください」と言ってくださって。

この言葉が島根では自分の色が出せないと思っていた本宮さんを奮い立たせた。既存の枠組みに乗るのではなく、自分の場所、新しいものをつくっていく。こうしてNPO法人「てごねっと石見」が設立された。「てご」は、島根の方言で手伝いを意味する。

ありがたかったんです。ビジコンでコンセプトに掲げた「帰ってこれる島根」とか、大学生のインターン活用とかをNPOでそのままやってくれって言われたんですよ。じゃあ、と思って四月に江津に移住して。コンセプトはこれでやりますって言えたので、周りの人にも理解というか、応援してもらえる体制ができたので、怖さはなかったです。

同じ県内とはいえ、実家から一四〇キロほど遠く離れた土地への引っ越し。だが、必要としてくれる人がいた。中川さんだけでなく、てごねっと石見の理事長の横田学さんも「待ってるからね。こんな楽しみな春は久しぶりだ」と期待を寄せてくれていた。江津で得られた、信頼できる人の存在。本宮さんの勢いは増していった。

帰ってきてほしい人たちが帰ってきた

江津での一年目は分かってもらえないこともあった。しかし、大学生をインターンシップで江津に呼び、お祭りやイベントを手伝ってもらうことで「江津に若者を呼んでくれる人。若い意見を伝えてくれる人」という立ち位置を獲得した。インターンは、社会人向けにも行うことになった。さらにSNSを通して人をつなげていった。

島根に帰ってきて、県外にいたときは分からなかった、島根の人のパワーに直接触れて、島根の魅力はまさしく「人」であると確信したんです。でも、人の魅力は会ってみないと分からないんですよ。地理的な問題や情報発信不足とかがあって、加速度的に人脈をつくることは難しかったんです。そんなわけで、「島根の挑戦するネットワーク」をSNS上でつくって、島根にUターンするか迷っている同世代の若者に島根の人の魅力を伝えたり、想いを語ったりする場をつくって、帰ってこれる島根をつくろうとしました。

SNSで知り合った大学生がお盆や年末に島根に帰って来た時に交流する会を設け、若者のネットワークをつくった。その会の参加者から「同志に会えたような喜び、これからの未来がなんとなく明るくなっていくんじゃないかという希望を感じることができました」と言われ、とても励みになったという。島根は面白いという雰囲気が生まれていった。

島根に帰ってきてほしいなと思ってた人がだいたい帰っているんですよ。（田中）輝美さん、三浦（大紀）さん…。ふるさと島根定住財団の原（早紀子）さんとか。人間的にも魅力的で、なんかやってくれそうと思っている人が帰ってきてるんですよ。もう、うれしいなあって

…。うん、迷っている人がよしやるぞって帰ってこれる感じになってきたかな、今は…。

本宮さんが帰ってきてほしいと思う人が帰ってきた。その人たちが活躍しているのを見て、次の世代の人たちが帰ってくる。その循環を生み出したのは本宮さん本人だ。今なら胸を張って「島根に帰ってきなよ」と言える。

次なる舞台

本宮さんは江津で三年過ごした後、次なる舞台へ旅立った。江津の人から「理恵ちゃんはずっと江津にいるの？」と言われるようになっていた。ショックも受けたが、それは、江津ではおさまらない、という意味のほめ言葉だった。

江津の人たちは来るもの拒まず、去るもの追わず。ここでしっかり経験して、羽ばたいてほしいっていうのがあって、だから私も短期間集中で頑張るぞみたいな。一般的にUーターン支援って、定住しなさいってすごいプレッシャーがある。江津にずっと住めるかっていったら迷いがあった…まあ、引っ越しましたからね。やっぱり私三年ごとですね。スパンが。

本宮さんの新たな挑戦の舞台は奥出雲町にある生徒数約三〇〇人の県立横田高校。高校魅力化コーディネーターとして働く。隠岐島前高校で成功した高校魅力化プロジェクトが横田高校でも始まったのだ。

なんか高校に入るとき緊張しない？役場の人も公民館の人も、入りづらいって言うんだよ。職員室の雰囲気かもしれないし、先生たちの多忙さかもしれないいし。あと、てごねっと時代に付き合った大学生が言ってたんだよね、高校のときには、帰る、帰らないの二者択一しかないと思っていたと。でも、そこはどうにかせんといけんなーって思っていて。

本宮さんの仕事は、キャリア教育プログラムの見直しだけでなく、高校生に地元の商店街を取材してもらいポスターを作る実習も担当する。授業を受けた生徒たちは「奥出雲に帰ってきてほしい

って伝えたい」「地域の課題をもっと知って、解決できる方法をもっと考えたい」と本宮さんに話す。高校時代から地域の魅力を見つめて、自分の手で帰ってこれるまちをつくれることを学んでもらう。

地域、島根全体の価値感というか雰囲気が変わっているということは、自然に伝わる、気付くんじゃないかな。今だったら、田舎帰るのはカッコいいじゃん、って、間違いなくある。一昔前はそうじゃなかった。そういうのができただけでも、救われるかなって。

本宮さんの目には次の解決すべき地域の課題が映っている。それは子育て中の女性も地域の活動に関われるようにすることだ。結婚、出産したことで、これまでのように一人で気軽には動けなくなった。両親のサポートが受けやすいと思い、実家のある安来市に移ってきた。だが、いつも実家を頼れるわけではなく、夜間保育はない。まちづくりの現場では夜の飲み会が重要な役割を果たす。出会いもあり、本音も聞ける。

子どもの側にいてあげたいという母親としての気持ちもあって、夜の飲み会もほとんど行ってないんですよ。行けなくなったのはすっごくきつくて、落ち込んでたんですけど。意味のない会議をやって続きは飲み会でやりましょうという男性的な構造に合わせていたんだと気付いたんです。高校ぐらいから昼間の会合でも話せるようになる訓練ができれば。会議の仕方を変えるとかグループワークを入れるだけでも出る意見は変わるじゃない。どうにかせんといけん。

相手と、自分と向き合う

取材後の情報整理がきつすぎて正直泣きかけました。本宮理恵さんの話を全く理解できていなかったということを指摘されたのです。取材に同席した先生からは「永山は都会出身で男性、本宮さんは地方出身で女性。理解できないのはお前のせいではない。みんなフォローしてやれ」と諭されたのですが、理解できないのが悔しくて情けなくて、会議中ずっと下を向いて泣きそうになるのをこらえていたのが鮮明に記憶に残っています。

翌日、他のゼミ生が再取材に赴く中、宿に留守番してインタビューを整理。さらに、取材から帰ってきた地方出身の学生と近くのガストで「地方では土地を守っていかなければならない」「え？　意味わかんないんだけど」と議論を交わしました。

都会育ちの自分は、地元に帰らなければという意識は全くありません。東京駅まで電車で一時間。実家のある土地は二〇年前まではゴルフ場でした。だから近所の人も二〇年前の開発とともにやってきて、引っ越していく人だっている。だから今回本宮さんから「帰らなくてはいけない呪縛」と聞いても全然ピンと来ませんでした。

また、女性がお茶くみをさせられる、仕事は事務員しかないというのを聞いて「男は仕事、女は家事」といったしきたりが残っているのだなと思いました。本宮さんも一度は「島根はダメかな」と諦めかけたそうです。その理由は「ロールモデルがいない」から。

面白いクリエイティブな仕事をしている人がいない。事務員ではない仕事をしようとしても、周囲にいないからできないと思ってしまう。もし誰か先にやっている人がいればその人の後を追えばいいけれど、自分で最初の一歩を踏み出すのは難しい。

働きながら子育てするにあたって、会議が長くなり夜の飲み会に持ち越されるのも問題だなと思いました。保育園が終る時間に合わせて子どもを迎えに行かなければならないのに、「じゃあ続きは飲みながらでも」となるのは非常に男性的な社会ということにも気付かされました。時間が限られていることを理解しておらず、無駄な時間が多い。それは地方だけの問題ではないと思います。

地方出身のゼミ生が「地元には銀行か公務員しかない」と言っている意味がわかったような気がします。本宮さんが、なにくそ魂というか、このまま終われないぞという気持ちで自分の道を切り拓いていった先に「帰ってこれる島根」があると感じました。

原稿の執筆にあたって、本宮さんの話を何度も見直し、ゼミ生に質問しながら少しずつ理解していきました。その中で思ったのは取材は取材相手と向き合うだけではなく、自分とも向き合う必要があるのだなということです。話してくれた人の思いを読者に届けるためにどうすべきなのか。それを考え続けて、出した答えは素直に伝えること。自分の常識の中になかったことは理解しようと努力しなければいけないけれど、自分の常識に当てはめて変な解釈をしてしまうと、全く違う意味になるかもしれない。それは本宮さんにも読者にも失礼になる。だから素直に、真っすぐを意識して原稿に取り組みました。

（永山孝太）

03

三浦大紀

ジモトをカッコ良くする

みうら・ひろき
株式会社シマネプロモーション社長。1980年、島根県浜田市生まれ。早稲田大卒。国会議員秘書、NGO職員などを経て、2011年、島根県江津市ビジネスプランコンテスト「Go-con2011」で課題解決プロデューサー部門大賞受賞。東京からUターンし、NPO法人「てごねっと石見」（江津市）で商店街活性化などを担当。2014年、シマネプロモーションを設立。まちづくりや地域・企業の魅力化事業などに取り組む。

ジモトをカッコ良くする

三浦大紀

三浦大紀さんは地域で活動する若者の憧れの存在だ。世界平和に貢献しようと島根を出て、政治家の秘書や国際ＮＧＯの職員として働く中で、ふるさとに目を向けていなかった自分に気付いた。ビジネスプランコンテストでの受賞を機にＵターンし、地域の魅力をカタチにして発信する企画会社「シマネプロモーション」を設立。地域で働くことを「カッコいい」へと変えた。

僕の夢は世界平和

小学校の成績はほとんど五で児童会の副会長という〝超優等生〟。そんな三浦さんは中学校に上がる時に祖父から一通の手紙を受け取った。

僕のおじいちゃん被ばくしててね。こうやって広島から帰ってきましたよっていう体験記。

もう死ぬのかなと思いながら、山を越えて、誰々に助けられて、島根に戻ってきた、みたいなものがしたためられてて。

白い一〇枚の便箋に、青いインクの万年筆で書かれた文字。生々しくつづられたその手紙は、少年に大きな衝撃を与えた。戦争は遠い問題ではない。

平和を志すとか戦争のない世界を願うとか、そんなんじゃなくて。単純に戦争はないほうがいいいな、平和がいいなって思ったから。じゃあどうすればいいかって考えて。

だから夢は世界平和だ。世界中の人が平和に暮らすためにはどんな働き方ができるのか。中学、高校を経てたどり着いたのは、国際平和の維持を仕事とする国際連合の職員だった。本部はアメリカのニューヨーク。国連職員として世界を舞台に働きたいと思った。そのためにも広い世界を知ろうと、東京の大学への進学を希望し、早稲田大学に入学。早速動き出す。

友達に「国連で働きたいんだけど、国連職員の知り合いいない?」って聞いたら、元国連職員の先生の授業を取っているやつがいて。「連れてけ」って研究室に連れて行ってもらって。「はじめまして、三浦です。国連職員になるにはどうしたらいいですか」って聞いたんだ。

なぜ国連で働きたいのか。理由を尋ねる先生に祖父から受け取った手紙の話と幼い頃からの世界平和の夢を説明した。「ちょっと待て」と言った後、誰かと電話をしていた先生は、電話を終えると「あの、三浦くん明日から君、国連で働く？」と聞いた。

「はい、働きます」って言ったらインターンが決まった。研究室に行かなかったら、チャンスとは巡り会えなかった。絶対動かなかったらチャンスは来ないから。ラッキーって世の中そんなにないからね。ラッキーに見えてても、そのラッキーをつかみ取るために、みんな何か努力してるのよ。

こうしてつかみ取ったインターン。国連プロジェクト・サービス機関（ＵＮＯＰＳ）のインターンでは、イベント運営のサポートをしながら、職員の意識や実際の業務などを聞いて回ったりもした。その後飢餓のない世界を目指して活動する国連世界食糧計画（ＷＦＰ）の日本事務所でもインターンを経験することができた。

政治家でも国際協力はできるんだ

国連機関でのインターンの後、アメリカの大学院を目指して勉強しながら、大学の研究室でリサーチの手伝いをしていた。ある日、先生から人手の足りないプロジェクトの手伝いを頼まれる。一八三カ国から研究者や専門家、政治家が集まる「世界水フォーラム」の運営。会議の運営委員長を務めていた橋本龍太郎元首相との出会いから、大きく考えを変えることになる。

橋本龍太郎さんに出会って、あ、政治家でも国際協力はできるんだなっていうのが分かった。だったら、もうどんな仕事でもいいわけじゃないですか。この人すごいなと思った。で、「秘書やらしてください」って言ったわけですね。

秘書としてサポートすることでも国際問題へ関わっていけるのではないか。しかし、橋本元首相の秘書になるというルートが分からない。「どうやったらなれるんですか？ どうやって就活したんですか？」と当時の秘書に尋ねた。「先生のところで本当に秘書やりながら勉強したいんです」と言い続ける日々。一年が過ぎたころ、一人欠員が出た。

「三浦くん本当にやる？」と聞かれ、「やります！」と即答して。それはもう動き続けたんですよ。でもやりたいと思ったら本気になるからね。なるよ！就職とか働き方っていうのは、いろんなアプローチがある。答えを一つ見つけようとしたら大変だけど、間口を広げておくと、ひょっとしたら、思ってなかったところから当たりが来るかもしれない。

やばい、島根のこと全然分かんねえ

国会議員秘書というのは二種類ある。国から給料が支払われ、国家公務員である公設秘書と、議員が個人的に雇う私設秘書だ。三浦さんは二年ほど橋本元首相の私設秘書として働いていたが、二〇〇六年、橋本元首相が急死したことから、息子、橋本岳氏の元で公設秘書として働いた。

秘書っていろんなことをしなくちゃいけない。何でもやるんです。だから、一〇〇点はとれなくても、一応何でもできるんですよ。

選挙区である岡山県倉敷市での仕事もあった。選挙の時は革靴を何足も履き潰すほど、朝から晩まで倉敷中を歩き回った。出会った人たちは、みんな、自分のふるさとを誇らしげに案内してくれた。倉敷なら人にも紹介できる。そう思えてきたころ、あることに気が付いた。

行くと聞かれるわけ。「三浦くん、出身どこ?」って。「島根です」って言うと「島根のどこ?」「浜田です」。そしたら「へえ、浜田に知り合いが住んでてね」とか「こないだ出雲大社に行ったよ」って言われる。やばい、俺全然分かんねえ、って思った。浜田の人もそんなに知

らないし、出雲大社の前の道路とかどうなってたっけ、って。

島根を離れてから一〇年以上が経っていた。世界平和を夢見てふるさとを出た三浦さん。自分の夢をかなえるためには、世界のような大きな舞台が必要だと考えた。それほど自分のふるさとに興味があったわけでもなかった。

やっぱりそれは「世界平和」っていうので、僕の関心が島根っていう社会に向いていなかったからで。僕は、自分のまちのことに関心を持たず、知らず、東京がいいんだ、世界を見てみたいって感じで出ちゃったから、知らなかった。

三浦さんは当時の自分を思いかえすように視線を落とした。しかし、すぐに何か行動を起こそうとは考えなかった。自分は今まで自分のふるさとに興味がなかったのだという気付きだけが心の隅に生まれた。その後、橋本岳氏が落選したのを機に転職を決意した。

新天地は、世界の貧困問題に対し、市民の声を政府へと届けるＮＧＯ日本リザルツ。感染症の問題や国際連帯税などについて調査を行い、政府に提言をしたり、政府が行うプロジェクトの改善提案を行ったりする。これまでの経験がもっと生きると考えた。

半期毎の契約更新という仕組みの日本リザルツで一年半を過ごし、四回目の契約更新が六月に迫ってきた二〇一一年三月、東日本大震災が起きた。ＮＧＯは、支援の舵を大きく切ることとなる。国内に目を向けるべきではないかという意見が多くを占めるようになったからだ。次期の事業計画はほとんどが被災地の支援にあてられることになった。

フィリピンや海外で感染症とか貧困の問題に取り組んできたんだけど、そのときにあらためて考えたら、海外というエリアじゃなくて、起こっていることに関心があるんだって気付いて。で、自分のふるさとで起こっていることに関心が向いて。フィリピン…感染症…島根…島根では何!?みたいな。

NGOの契約更新のタイミング、そして東日本大震災。偶然タイミングが重なり、ふるさと島根への思いは一気に鮮明になった。

足りない穴を見つけて、埋める

一三年ぶりに島根に帰ることを決意したが、島根で暮らすにはまず仕事を見つけなければならない。島根の企業を探してみたが、結局どこがいいというのはよく分からなかった。その上、自分が就職して会社員として働いているイメージも湧かなかった。

僕は、じゃあ何が仕事になるかなって考えたわけです。会社に入ればお給料はもらえるけど、

そこにある仕事をしなくちゃいけない。じゃあ、自分は何ができて何をやりたいかって。

島根で何かできないか。そう考えた三浦さんは、横浜で起業家育成のビジネススクールに通い出した。そして、島根をよく知る人にアドバイスを求めた。

あの時ほんとに何も決まってなくって。島根に帰るっていうことしか。でもとりあえず「江津でてごねっとっていう団体が面白いことやってるみたいだよ」って教えてもらって。通っていたスクールではどこかにインターンすることがカリキュラムで必須だったから、じゃあ、てごねっとに行こうって。どうせ島根に帰るんだし。

紹介されたのは、まだ立ち上がって間もなかったNPO法人てごねっと石見。浜田市の隣にある江津市を中心に地域づくりを推進する人たちを支援していた。今度も飛び込みで電話をかけ、五日間のインターンを経験する。理事の本宮理恵さんらと地域づくりのチャレンジが起こっている現場を見て回った。

あ、こんなことが仕事になるんだって思って。その地域で何か困ってる人がいて、助けるための仕組みづくりをしてる。それって、海外なのか、地方なのかが違うだけで、前職と同じようなことだなと。持ってる感覚っていうのが、すごい似てた。

ちょうどGo－con2011というビジネスプランコンテストが開催されることを知った。チャレンジしたい若者を地域挙げて支援し、島根への誘致につなげようと江津市が二〇一〇年から始めたもので、本宮さんが前年度大賞を受賞し、てごねっと石見を立ち上げるきっかけになっていた。

「ビジコンやってるんですけど、三浦さん出たらいいじゃないですか！」って理恵ちゃんにそそのかされて、出ることになったんですよね。

別のビジコンでも発表した企画を今度は島根でも発表した。

広告代理店のような、何かを企画するとか、ものに付加価値をつけるような仕事は地方には少ないなと思って、じゃあ、これをやればいいんだって。やってみようかなって。広告とか企画をやってたわけじゃないんだけど、面白そうだと。

地域の足りないところ、つまり、穴を見つけて、埋める。島根をプロモーションするというビジネスプラン。この年は、全国から二三件寄せられた応募に対し、受賞したのは三人。一次審査を通過した七人によるプレゼンを経て、地域の課題解決につながるプランに贈られる「課題解決プロデューサー部門」の大賞を受賞した。一年間活動資金がもらえる仕組みだ。これが、島根へ帰る足がかりとなった。

キヌヤ
NE

飲みに行く場所をつくる

島根に帰った三浦さんは、てごねっと石見の職員として働き始めた。その中で地域と生きるということをあらためて意識した活動があった。空き店舗対策や情報交換の場として設立された「52《ごうつ》ｂａｒ」の運営だ。ビジコンの出場から「このまちにカフェがあったらいいな」と言い続けていたある日「三浦くん、飲食やりたいって言ってたけど、みんなでやったら？　商店街の人とか」と上司に声をかけられた。

僕、今このまちに必要とされているものは何なんだろうって考えていて。みんなが飲みに行く場所が少ないっていうなら、飲みに行く場所をつくるのが一番直接的じゃないですか。

みんなが気楽に立ち寄って、一杯飲んだりおしゃべりできる空間をつくりたい。商店街のコミュニケーションの一助となる働きをしたい。そんな考えから、店員は商店街の仲間が交代で勤めることにした。一八時から二一時までという営業時間にも工夫がある。

飲むところがないって言いながら、スナックとかはあるわけ。商店街の事業だから安易に飲む場所をつくるわけにもいかない。だから営業時間は二一時まで。最初の一、二杯だけ飲んで、

「ハイ次の店行って」って。日中働いてるし、体力的にも大変じゃん。誰か一人に背負わせ過ぎちゃうと、絶対につぶれるから。総理大臣なんて日本国で一番孤独でしょ。最終的には自分が責任を全部取らなきゃいけない、だけど周りに大臣や秘書がいるわけで、仲間じゃないですか。仲間が必要だよね。

白熱灯があたたかく店内を照らす52ｂａｒでは、壁に設置された黒板にいくつものアイデアが走り書きされるような交流が生まれた。たくさんの人が、52ｂａｒに来た。

友人が「はたらく」と「はたらき」は少し違うという話をしていて。働きって、作用するってことだよね。自分がきちんと作用している。それが仕事なんですよ。自分だけ良ければ良いって考えじゃ地域では生きていけない。

空き店舗が目立っていた江津の駅前商店街も、バーを作ったり、イベントを企画したり、商店街の人と活動していくうちに、三年間で約二〇店舗が埋まり、現在はほとんど空き店舗がなくなった。こうした実績が評価され、てごねっと石見は地域活性化に取り組む団体を支援しようと地方紙四五社と共同通信社が設けた「地域再生大賞」を二〇一四年に受賞した。

本業を用意すればいい

移住するために、人は何がネックになっているのか。そう考えた時に真っ先に上がるのが仕事に対する不安だ。収入がどれくらいになるか分からない。地方で暮らしていけるか分からない。だから、家族の理解が得られるか分からない。

みんな仕事のことを気にしてるってことでしょ。だったら仕事の情報をどれだけ島根県が外に出していけるか。こういう仕事がありますよ、働き方がありますよって。たくさん出していくほど接点が増えて島根に来る確率が上がるはず。これをやらなきゃいけない。人を動かすには仕事がやっぱり大事。

三浦さんは、移住というのは大げさな話ではなく、短期滞在の連続だと考えているという。

短期滞在、長期滞在、それぞれのスパンが短くなるとつながってるように見えるじゃん。それが連続すると移住なんだ。でも、滞在するとみんな必ず帰るでしょ。理由は本業があるから。だったら、本業をこっちに用意すればいい。住む理由になるかもしれないよね。

自らがUターンし、地元で生活していく中で、UIターンについて考えることが増えた。島根から東京へ出た学生から悩みを相談されることも少なくない。希望する人には、地方特有の人との距離の近さなどデメリットになり得る所も、ちゃんと伝えるようにしている。

みんなが簡単に帰ってこれるわけじゃない。帰ってこれない。だから、地方に行きたいっていう思いが先行しすぎると、見えてない部分が多いからやっぱり大変だと思う。地域や社会を元気にしたいんです！っていうよりも、自分が何をやりたいかってこと。結果的にそれが社会や地域を元気にするってスタンスが自然だと思う。

地域の穴を見つけて、埋める。このテーマで講演することも少なくない。終わると、必ず会場から「その穴はどうやって見つければいいのか」と質問が出る。

その土地に対して真剣に向き合ったら見えてくるんじゃないかな。このまちの魅力は何だろうとか、ここにしかないものは何だろうとか。それを紙に書き出していくと分かるよね。そういう作業をしないと、いつまでも何が求められているか気付かない。僕も島根に対してやってみたんだよね。関心を持たないとそういう作業って絶対しないから。

真剣に向き合うには、何か具体的な行動を起こさなければならない。しかしそれは決して大げさなものではない。まちの魅力を書き出すということは自分と向き合うということでもある。

自分と向き合わなければアイデアも出てこない。

それは、どれだけ行動したかだからね。就職先もそう。たくさんある中から結局は選ぶんだけど、知らない中からは選べない。知らないから、そこの中だけで価値観をつくってしまう。島根の外に行けば、島根にいない人がいて、その人の働き方があって。この人の考えはこうなんだ、こんな働き方してるんだってことを知る。自分はじゃあ、どういう働き方しようかな、どんな仕事をしようかなって考えるじゃん。

島根を出て、東京の大学に行き、国会議員秘書を経験して、ＮＧＯ職員として働いてきた三浦さん。外を知ったからこそ、外にはあって、島根にはないものに気が付くことができる。

だから、島根だけじゃなくて、外を見たらいい。だけど、外を見るのは島根を見るために見るんですよっていうスタンスであれば、ここに帰ってくる人がもっと増えるのかなって。だけど、僕は島根を見ないままに外ばっかり見て。ああ外はこうなんだ、こうなんだって思ってた。島根にもいろんな人がいるのにね。

なんで誰もやらないんだろう

ビジコンで大賞を受賞してから三年。二〇一四年四月、三浦さんは株式会社シマネプロモーションを立ち上げた。ビジコンのプランと同じ、島根をプロモーションする会社。島根県内の人には、何をする会社なのか理解されにくいという。実際どんなことをしているのだろうか。

まず、企業さんに「なぜその商品をつくりたいのですか」「一番大切にしていること何ですか」とヒアリングして、その企業が何を伝えたいのか理解して、デザイナーさんに「こういうことが伝わるようにデザインしてください」ってお願いするんです。

今まではポスターを作ろうと思ったら印刷会社、会社のロゴマークを作ろうと思ったらデザイン会社というのが島根の当たり前だった。しかし、例えばデザイナーはデザインをすることのプロだが、企業が伝えたいことを聞き出すプロではない。聞き出すことのプロがいないことが地域の穴になっているから、その会社の伝えたいことが反映されないデザインが出来上がってしまいかねない。

なんで誰もやらないんだろう、ここに役割があるんじゃないかなって思った。ちゃんと結果を出していくと仕事になっていく。シマネプロモーションに頼めば、こんなことをやってくれる。こんなにいいものができた。そうやって回っていくんだよね。

オフィスは、ふるさとの浜田に構えた。縁側を持つ築八〇年の大きな屋敷をリノベーションし、コワーキングスペースとしてもたくさんの人が利用して交流できるようにと考えた。コワーキングスペースも、浜田にはなかったものだ。いくつかの穴が三浦さんによって彩られることとなった。

シマプロは三人の会社に成長した。一人は、大手広告代理店の博報堂で働いていた女性、もう一人はD&DEPARTMENTというデザインを重視したコンセプトショップで働いていた男性だ。二人とも島根県の出身で、東京の第一線で活躍していたところを、三浦さん自身が狙いを定めて声を掛けた。

東京で飲みながら、「一緒にやろうよ」って小声で言って。でも、僕だけでお金を全部準備はできないなと。

一人は、二年間の中で島根の定住人口を増やす仕組みづくりを行政に提案し、人件費を確保した。もう一人は、以前からあたためていたギフトサービスを立ち上げることにした。

そういうフィールドを用意するのが僕の仕事だと思っていて。用意した中で、彼らが仕事をして、それをお客さんに出して。お客さんが喜ぶのを見れたらすごくうれしい。

仕事が楽しいというが、そればかりではないのではないか。「時には大変だったり、つらい時もありますか？　何が一番大変ですか？」知りたくなって、こうぶつけてみた。

毎日つらいよ。胃に穴が開きそうです、でも、まあ、楽しいからいいんです。まだ、開いてないから。お給料払うって大変なんですよ。

新しい社員と始めたギフトサービスが「ｙｕｔｔｅ」。made in Shimane にこだわっている。島根に残る茶文化にひも付くように茶菓子屋が多く、菓子箱も多く作られている。その仕立てのよい貼り箱を利用し、贈り物をセミオーダーできるというものだ。その社員の結婚式の引き出物から着想した。

うん、全国で他にやってる人いないよ。本当は箱を売るサービスなんだ。島根では、茶菓子屋さんが商品を入れる勝手箱は、職人さんが全部手作りで作ってる。

しかし、これまでこの「箱」が注目されることはなかった。いくら仕立てがいいものだろうと、箱はあくまでも入れ物でしかなかったからだ。

お茶はフューチャーされるけど、もったいないなあと。箱だけ買う？買わないでしょ？箱の中に島根のものが詰まっているとストーリーがあるし買ってくれるかなと。仕事って絶対背景がある。幅広い地域文化を伝えられると思ったから、トライしてみようと思ったんです。

だから、made in Shimane の箱には意味がある。お茶文化から始まる一連のストーリーがある。これがｙｕｔｔｅのサービスであり、もともとあるものに付加価値をつける、というシマネプロモーションが目指している仕事でもある。

島根にしかないものは「僕」

「島根にしかないものはありますか」この問いに、普段はよどみなく過不足のないように話す三浦さんの答えが止まった。それは難しい質問だと小さくこぼし、「例えば綺麗な景色を見たくて島根に来ている人になら、景色を答えるんだけど」と前置きした上でこう答えた。

島根には、他にはないものは絶対にあるよ。人だね、もっと言えば僕だね。だって、僕は他にいないでしょ。島根にしかないものって何ですか？えっ、僕！みたいな（笑）

少し冗談めかした様子だが、真っすぐな視線からその答えへの真剣さが読み取れる。間をおいて、三浦さんは「僕」と言い切った理由を付け加えた。

僕は国際協力の仕事がしたくて、大学に入った。働きたい場所っていうのは世界の広い場所にあったわけで。出て行くときは、働きたいっていう気持ちが海外ってことだった。それが、グーッとこっち側に寄っただけ。見てる場所が変わったってだけで、その場所の中で自分に何ができるかなって考えてる。興味関心みたいなものがずーっと変わらず一緒なんだよね。

三浦さんの経歴を見ると、エリートそのものである。島根に戻ってくる選択が異彩を放っているように見える。しかしそれは三浦さんにとって何の矛盾もない。海外も政治も島根も社会の一部で、その中で自分がどのような作用を担うのか。どこで働くかではない。どう働くのか。その選択はどこにいてもできる。

この人カッコいい

まさか自分が、記事を書くことになるとは思っていませんでした。

当初はリーダーとして風の人のプロジェクトに関わることになっていました。執筆するメンバーの取材の事前準備を確認し、取材に同行し、取材の結果を共に整理し、話し合いながら全員の足並みを揃え、一冊の本になるようにまとめていくのが役割。記事を執筆する八人それぞれが各々の取材相手をどんどんと突き詰めて頭をひねっている間に、私は資料にすべて目を通し、取材計画に目を通していました。

書き手ではない私の取材本番の役目はサブの聞き手かカメラマンです。今考えれば、目の前の取材対象者の方と、誰一人としてきちんと向き合っていなかったように思います。三浦大紀さんも、私がサブインタビュアーを務めたインタビュー相手の一人でした。他の人のインタビューの風景は自分自身に余裕がなかったせいもあり、あまりよく覚えてはいませんが、三浦さんだけは「うわー、この人すごいなあーーー！」と思いながらメモを取っていたことを覚えています。

島根で広告代理店みたいなことをしている、それだけで「えっ、広告代理店なんてオシャレな仕事、東京にしかないでしょ！」と思って地元を飛び出したので興味深々。「この地域に何が足りないかなって考えたら、それが仕事になるんです」と力強く言い切る三浦さんに、「この人カッコいいーーーー！」と思いました。こういう人が地方で面白いことをしてるんだ。こういう働き方も地方でできるんだ。取材が終わった後は、もわわんと霧のようにぼんやりと、自分の地元で三浦さんのように働く自分を想像したりもしました。

春になり、転機がありました。三浦さんを担当していたプロジェクトメンバーが抜けたのです。三浦さんの原稿はどうするのかと考えた時、迷わずに「私が書こう、これで書きたいものが書けるぞ！」と思いました。しかし、リーダーをしながら一人の人の記事を書き上げるというのは、思った以上に大変な作業でした。

そんな中、三浦さんが東京にやって来ました。スーツケースを引きながら改札ギリギリまで質問に答えてくれました。最後の質問の後、三浦さんはボソッと付け加えました。「結局のとこ、僕もよく分かってなかったりする。それを、分かるようにしてくれようとしてるってこと、期待してます！」。忙しいし、一万字なんて書いたことないし、もともと記事書く担当じゃなかったし…。原稿が書けない自分にいろんな言い訳をしていた私にとって「期待してます」という言葉は、まるで灯台の明かりのように感じました。絶対にあそこにたどり着きたい！という気持ちと同時に、このプロジェクトのリーダーをやりたい！と思った時の気持ちを思い出していました。

「地元に帰るなんて、公務員か地銀かしかないじゃん」…漠然とこう考えていた私にとって「風の人」は想像もできない生き方でした。執筆を終えた今、自分なりの「風の人」としての生き方ってなんだろう、と次の考えをめぐらせています。

（大谷和佳子）

ここは劇場、私は女優

04

三成由美

みなり・ゆみ

島根県奥出雲町役場地域振興課。1975年、島根県奥出雲町生まれ。名古屋大卒。名古屋市でインテリアコーディネーターを務めた後、同町にUターンし、同町役場に勤務。地域の女性たちと「おくいずも女子旅つくる！委員会」を立ち上げ、奥出雲地域を発信する情報誌の作成や、イベントを企画、運営。雑誌「日経WOMAN」が選ぶ「ウーマン・オブ・ザ・イヤー2015」で地方のパワフル女子として紹介された。

ここは劇場、私は女優

三成由美

雪の日でもヒールにスカート、地方には不釣り合いと感じてしまうキラキラした雰囲気。三成由美さんは島根県奥出雲町役場地域振興課に勤めながら、地域の女性たちとイベントの企画やフリーペーパーを発行して魅力をアピールする。日経ウーマンオブザイヤーで「地方のパワフル女子」として紹介された三成さんは昔は奥出雲町が大嫌いだった。仕方なくUターンしたが、人生を変える言葉に出合い変わっていく。

ヒゲの女

「じゃじゃん！奥出雲チャンピオンクイズ大会。〇〇がうまい、空気がうまい、だからご飯がうまいに決まってる。〇〇に入る言葉は？はい！」

二月に行われた奥出雲の暮らしを体験するツアー。案内役となった三成さんからの問題に参加者は手を挙げ、「はい、水がうまい！」と答える。参加者もスタッフもいつの間にか三成さんのペースに引き込まれていく。「自然や人情や風土は都会にはないけど、島根にはあって奥出雲にはある」と呼びかけた。

三成さんは、役場職員の顔だけでなく、「心も体も美人になる旅」をテーマに、イベントや体験ツアーなどを企画する「おくいずも女子旅つくる！委員会」のメンバーの顔も持つ。たびたび起こる洪水が、ヤマタノオロチ伝説の元になったという説もある斐伊川《ひいかわ》にかかる潜水橋で、ピンクのヒゲをつけた百五十人がヒゲダンスをするという動画プロモーションを仕掛けた。

あれ、もしかしてヒゲって世界を幸せにするなって思ったの。だからヒゲダンスを計画したんだよね。何人集まるんだろうって、前日は眠れなかったけど大成功。人の表情は、ヒゲがあるだけでだいぶ変わって見えるんだよね。何かと何かを組み合わせるだけで地域はもっと素敵になる。それを表現するためにみんなにヒゲをつけてもらったの。

委員会の企画はいろいろある。東京からの寝台列車「サンライズ出雲」でやってきた乗客をどじょうすくいを踊りながら出迎えたり、斐伊川をダムで堰き止めたさくらおろち湖の側でヨガをやったり。もちろん、ヨガの後の記念撮影はヒゲを装着。

三成さんは、小さな取り組みを積み重ねてきた。最初の情報誌『Ｏｋｕｔａｂｉ《オクタビ》』を発行したのは二〇一三年。最後のページには、ドキドキとワクワクが増えれば、私はもっと輝ける、と記されている。

Okutabi

寝台列車っていいよね、妄想膨らむよね。彼氏と乗りたい。

三成さんの話はすぐに恋話と女子トークに脱線する。降り積もる雪を見ながら、話をヒゲに戻す。

人が集まる仕組みを考えたときに、地域のためになる、だけじゃなくて、噂になっているとか人が言ってるから自分も行ってみよう、楽しそうだから行ってみようってなる。この町の人がこの町を楽しむ。きっかけなんて、ヒゲ一つで十分じゃないかなって。

さらに、東京と島根をつなぐ本『女子百花』を作ろうとクラウドファンディングを行い、三八万円を集めた。支援を呼びかけるサイトにはこんな言葉がある。

> 無理に新しいものをつくるのではなく、他県のやり方をなぞるのではなく、まずは今あるものにしっかりと目を向けて、その魅力を最大限に引き出し、興味をもってもらう「きっかけ」をつくることが大切だと考えています。

だが、数年前までは三成さん自身が、奥出雲に来たいという友人に「何にもないから」と断っていたのだ。

くそ田舎から一刻も早く出たい

島根県奥出雲町は人口一万四〇〇〇人。高齢化が進み若者が町から少なくなっている。まさに絵に描いたような地方の町。ここが三成さんの生まれ育った場所である。

小学校四年生の時、何を勘違いしたのか児童会の役員に立候補してしまったの。で、全校生の前で立会演説をすることになって、自分の名前すら言えないくらいガッチガチに緊張しちゃって。あわあわして、五分くらいずっと黙っちゃって、なおかつおもらしをしちゃったの。それで、もうその次の日からいじめが始まるの。「おもらしをした」とか言われて、ほんとに男子におしっこをかけられたりした。

傷ついた三成さんは、人前で話せなくなる。人前で話すなんて無理、さらに自分はダメなんだとずっと思い込んでいた。都会であれば、小学校から中学校に、さらに高校に行くに従って、学校の規模は大きくなり、知らない人も増えていく。だが、地方では小中高をほとんど同じメンバーで過ごすという狭い世界。それに嫌気がさした。

「みんな知り合い」という閉塞感や、お風呂はお父さんが先、テレビは我慢しないといけない

とかしがらみに嫌悪感を抱いていたの。だから、こんな何にもないくそ田舎を一刻も早く出て私は都会で生活するんだってずっと思ってた。

とにかく早く奥出雲を離れたい。そんな一心で三成さんは高校卒業後、地元の大学ではなく名古屋大学に進学。何もない地方から何でもある都会へ行くことを決意する。

都会最高！自由！

みんなコンビニない生活したことないでしょ？名古屋で初めて行ったときは、うーわもうコンビニすごいわって思った。もう都会最高！自由！って思った。

電車に乗るのもカップラーメンを食べるのも名古屋に来てからが初めて。山ばかりで知り合いしかいない奥出雲とは違い、名古屋には人もたくさんいればビルもたくさん建っている。もちろんここには知り合いなど一人もいない。全てが初めての体験でキラキラと輝いて見えた。驚きの連続だった、と三成さんは目を輝かせて振り返った。

自分が生きてきた所と全然違う世界があるなって、何見ても思った。逆に言うと自分は何も

できないちっぽけな存在なんだな、ってそういうふうな思考にもなっていったかな。でもこっちに帰るなんて微塵も思ってなかったよ。

何にも縛られず都会での自由な生活を送る大学時代。だが、就職でまた壁にぶつかった。就活が始まり、同級生はトヨタなど大手企業に決まっていく中、全然決まらない。同じく内定が決まらないゼミの男子学生と、エントリーシートを「何枚送ったよ」と立ち話をした。だが、それから数日後に男子学生は新幹線のホームから飛び降り自殺してしまう。ものすごく仲がよかったわけではないが、同じゼミの同級生の死。就活なんてたいしたことはない。一生ずっとその仕事に就くわけでもない。その会社にたまたま合わなかっただけなのに…。三成さんはどこか悲しげで申し訳なさそうだった。

ショックだった。私、いつもうわべだけで付き合っていたなと。さらけ出してなくて、カッコ悪く思われたくないとか、できる人と思われたいとか、自分を擁護するばかりで。ゼミのみんなの関係性もそうで。カチカチの鎧を付けちゃう。自分がそうなら相手もそう。「まあね、頑張る」みたいなことしか、言ってなかった気がする。「もう就職活動うまくいかなくてマジやだ」って言ってたら、変わっていたかも。自分の心ない一言で、人生変えてしまうこともあるんじゃないかと、思うようになった。

その後も内定が決まらず、どうしようかなと思っていたときに、たまたま訪れた金沢の美術館で、有名なデザイナーである倉俣史郎さんのイスを見かけた。

それに一目惚れして「このイスすごい素敵だな、インテリアのお仕事しよう」って思ったの。

疲れた、帰ろう

インテリアコーディネーターという仕事を見つけ、家具会社に就職。ホテルやカフェのレイアウトを行ったり、取り引き先へ営業に出向いたりした。土日はジムで汗を流して友達とおしゃれなカフェを巡る。そんな都会での暮らしを満喫していた…わけではなかった。

服とかブランド品に使って全然お金なかった。名古屋って派手だし、自分は田舎者だし、すごく着飾ってた。プラダ、ヴィトン、当時は一万五千円以下のスカートとかありえん、みたいな。お金が自分の評価基準。高ければ高いほど安心する。仕事の中でも、お客さんに喜んでもらえたことより、大きな契約ができて、チーム内の評価上がることが大事っていうか。金額でしか判断できていなかった。

しがらみのない自由な暮らしとは裏腹に、荒んでいく。満員電車に揺られ、携帯を操作して、下ばかり見るようになった。夜中に残業で疲れてコンビニ弁当を買って帰る。ストレスは溜まる一方でどこか満たされずにいた。空虚感を埋めるように土日はひたすら服を買いこんだ。

好きな仕事に就いたと思っていたんだけれども、自分はお金と交換で与えられる側でしかないんだって気付いて。自分の求める幸せは何だろう、次第にそう思うようになった。お金を稼ぐよりも信頼を稼いだ方が人生豊かで楽しいって言えるような生活をしたいなって。誰のために、何のために働きたいかなって考えた時に地域に貢献したい。あ、帰ろうって思った。

名古屋にいるという選択もあった。同じ大学の人にも「帰るんだ。終わったな」と言われ悔しかった。しかし「とにかくもう帰っち

ゃおう」。そんな気持ちが先走った。あんなに嫌っていた奥出雲に帰るという決断をする。

悩んでいたらやってみようってのが自分の中でいつもあって、やらなくて後悔することって最悪だなって思ってる。失敗の繰り返しをやり続けてたら必ず結果が出てくるから、やり続けることをやめないっていうことが大事。向こうにいるときは止まっちゃってたから。

他の地域に行くという選択肢はなかったのだろうか。

うん、視野が狭かったんだろうね。残るか、帰るかしか自分の中になくて。今なら全然違うと思うけど、何も知らなかったんだろうね。たくさんの選択肢を知っていたら選べるけど。過食症にもなってたし、二四、二五歳のころは、地獄だった。苦しかったけど、ああいうことがあるから今がある。人からみたら大変だね、気の毒だねって言われることも、全てが愛せるよ。

三成さんの父は公務員だった。「公務員なんて安月給でカッコ良くない。ほんとありえんわ」。子どものころからそんなイメージを持っていた。奥出雲に帰り、偶然のタイミングで役場の追加募集が行われていた。

まあ安定してた方がいいし、とりあえずお給料もらえた方がいいし、って感じでとりあえず受けてみたら、たまたま受かってラッキーって。

奥出雲に帰って公務員になったが、業務を淡々とこなす日々だった。そんなとき、地域づくりの先進的な団体として知られるスタジオLの西上ありささんに出会う。五年前の事だ。西上さんは、島根県海士町教育委員会のまちづくりコーディネーターとして集落診断・集落支援に携わっていた。

そのとき私は仕事が忙しくてつまらない顔してたのよね。そうしたら「忙しい忙しいって言ってるけど、自分が楽しいと思えることをしないで人生一体何をしているの？」って一喝された。あっ本当にそうだなって。忙しいって心を亡くすって書くけどほんと心を亡くしてたなって。楽しいって自分の直感を信じてやっていこうって思った。

三成さんの人生を変える言葉をくれた西上さん。人生を変える言葉をくれた人は他にもあともう二人いた。一人が農家のこせがれネットワークの代表の宮治勇輔さん、もう一人は島根県庁に勤める角俊一さんである。宮治さんは一次産業を「カッコ良くて・感動があって・稼げる」三Ｋ産業にしようと挑戦している。

宮治さんの講演を聞きに行ったらすごく良かった。素敵と思って、終わった後、話し掛けたんだ。「なかなかうまくいかない」と言ったら、「人との出会いが人生の全てだよ。三成さん、大事にしてるんですか？」と問い掛けられた。こういう性格だから、初対面ですぐ仲良くなれ

るんだけど、深くなったり、腹を割って話ができなくて。それは鎧を着ているのもある。見透かされているな、自分は薄っぺらい人間だと思った。薄っぺらい人にはそんな人しか集まらない、類は友を呼ぶんだなって。

一年で何千人に会う中で二度目がある人は確かに少ない。必ず次の機会をつくっていかないといけない、人との出会いを大切にしていこうと心に決めた。角さんからはふるさとに帰ってきた意味を考えるように促された。何気ない言葉だったが、心から欲していた。三成さんは「よしやろう」と決意する。

私って役割がすごくあるな

やろうと決意を固めたとき、都会からスペシャルドラマのロケチームがやってきた。テレビドラマ「半沢直樹」で知られる福沢克雄監督が、奥出雲の雄大な自然に惚れ込み撮影を行うことになったのだ。多くのスタッフが撮影を行うドラマは、宿泊や食事が重要になる。

ドラマ一本撮るのに二〇〇人くらいのスタッフが来るんだけど、その朝昼夜のご飯どうするのってなるのね。奥出雲にはケータリングをやってくれるところなんてないから、加工グルー

プのおばちゃんたちにお願いをしたの。地元の安全安心のものを食べてもらおうって。

せっかく来てくれたスタッフたちに奥出雲の良さを知って帰ってもらいたい。そんな一心で奥出雲ならではのお弁当を提供することにした。おばちゃんたちは寝ずにお弁当を用意してくれた。山菜などを使ったお弁当。しかし、二〇代のスタッフの口には合わず、一〇〇食以上が残ってしまった。

「ほんと力でねえよ」って文句言われて。立ち入り禁止のぎりぎりのところで大丈夫かなって見ているおばちゃんたちに聞こえたかなってすごく苦しい思いになって。その日の夜、一〇〇食のお弁当を捨てる時に気付いたんだけど、箸袋とかも全部手作りで「奥出雲にロケに来てくれてありがとう」「大好きになって帰ってね」って書いてあって。その時は都会の人たちはなんてひどいやつらだと思った。

しかしおばちゃんたちだけでなく、都会から来たスタッフも良いドラマを撮りたい、そんな一心で仕事をしているのだから悪くない。三成さんはふと気付いた。つなぎ手であった自分がおばちゃんのできること、スタッフの求めていることをうまく組み合わせられたらお互いが円満になるのではないか。

お弁当の内容とか渡し方とかいろいろ相談をして、最後はお互いが良くなって帰ってもらっ

たんだけど。それが自分の中での挫折であり、すごい考えさせられた。どうやってつなぐかによって全然答えは違って出るなって思った。何にもできないって思ってたけど、私って役割がすごくあるなって思えた体験だった。

漫然と仕事をする公務員だった三成さんは、身近な人たちが地域に生きてよかったと生涯を全うしてもらうために、人と人をつなごうと決意した。自分がやりたいこと、やらなければならないこと、を人に伝えるためにはコミュニケーション能力が大切だ。でも、今の自分にはそれがない。そう感じた三成さんはしゃべりの上手な人を捕まえては「何で上手なんですか」「どういうコツがあるんですか」と聞きまくった。

そうしたらみんなが必ず言う答えがあって、「それは準備と経験だよ」って。で、何を話すかっていうのを何回も練習をして、そういう場がなければ自分でその場をつくる。その二つを実際に率先して手を挙げて、私やりますってやってきた。

何回もチャレンジして人前で話すことには慣れ、それなりにうまくはなった。それでも相手に伝わっている気がせず、どこか腑に落ちないでいた。

ある日また同じようにうまい人を見つけて聞いたら、「会場の中でいい人みつけて、その人を口説き落とすように話してる」って聞いて、あー待て待てと。いつも私は自分がどう見られ

てたかとか、いい感じに見えたかな、みたいなことにばっかり気を使っていて、本当に伝えないとならないこととか、言いたいこと、そこに集中してやってたかなって。自分が恋人を口説き落とす時みたいに相手に伝えたいことを伝えていこうって思った。

強い言葉や印象に残る言葉をストックし、日頃の会話でも練習するようになった。シンポジウムのパネルディスカッションではおもむろにヒゲをつけて話し始めた。参加者はぽかんとして、置いてかれているようであったが、気にせず話を進める。「恋人はいますか？」なんていう質問を高齢の参加者にする。何だか三成さんだけ別世界にいるようだった。人前で話すのは無理だと思い込んでいた三成さんは、自信を持ってプレゼンできるようになった。

あのおもらしする私でもできたんだよ。みんなおもらししたことないでしょ？できるよできる。もう絶対できる。ちょっとカッコつけたいとかよく見られたい、みたいな気持ちを大学生とかには「それ心のパンツはいてるよ〜、脱いで脱いで」って言うようにしてるの。

タッパースパイラル

「奥出雲の魅力は信頼と人情だ」と何度も繰り返す三成さん。仕事柄、町内のおばあちゃんやおじいちゃんの家に訪問することがある。

そうすると「まあ上がっていきなさい」と言われて、その後お漬け物が出てきて酢の物が出てきて「まあ食べていきなさい」って。で、それがもう本当に美味しいの。それをぱくぱく食べてるとタッパーが出てきて。「まあいいから詰めて帰りなさい」と言ってくれて、で、詰めて帰る。帰ってから気付くんだけど「あっ！このタッパー返しに行かんといけんな」って。

そのタッパーを返しに行くとまた「上がっていきなさい」と言われ、返しにきたタッパーにまた詰めて帰る。この「タッパースパイラル」にはまると、そうそう抜け出せない。

で、そういった時におじいちゃんおばあちゃんが、私が帰ろうとすると玄関まで見送ってくれて、はっと気付くの。バックミラーを見ると私の車がもう豆粒くらい小さくなってもそれでもまだ手を振り続けてくれている。ほんとにその姿を見て愛おしくて離れがたくて、この一番身近な人たちの頼れる存在になることが自分の使命だな、なんて思いながら帰るんだ。

昔は嫌いだった地方の閉塞感やしがらみ。でも今は人情や信頼の部分が一番魅力的で素晴らしいと感じるようになった。自分のことしか考えてなかった三成さんは社会人になり、人と出会い多くの経験をして変わってきた。恐竜のように絶滅する動物がある中で人間が生き残ってきたのは、進化し続けてきたからだという。

私、自分のやりたいことがないんでしょうね。誰かがやりたいって言ってることを全力で応援するっていうのが楽しいんだよね。自分のことだったら絶対できないと思うの。人から認められたいとか人から頼りにされたいっていう気持ちは強い。人のためにするんだけれども、ちゃんと自分に返ってくるよっていうのをみんなが体感して実感してるからだと思う。

「情けは人のためならず」ということわざがある。他の人のために行動すると、その人がまた他の人のために動き、またその人が他の人のために動くというスパイラルが生まれる。

自分を演じて行く

人が評価する三成さんと本当の三成さん、そこには大きなずれがあることを悩んだりしないのだろうか。

去年くらいからかなあ、本当の自分って何だろうって考えるようになった。本当の自分は臆病で、人と関わるのももしかしたら好きじゃないかもしれなくて、確実になまけもので、面倒くさがり、ぐうたらなんじゃないかって。でも、なんか今の取り繕っている自分が自分じゃないかというとそうでもなくて。だから自分を否定せずに、変えるんじゃなくて広げていけたらいいなあと思うようになった。そうしてやっと、そうか、それでいいやと思えるようになった。だって、みんなに好かれていたいじゃない？

三成さんは本当の自分と、全国から注目される公務員という評価。その差を埋めたいとずっと思っていた。できる三成由美像が広がっていくとさらに乖離する一方でステージが上がる。多くのチャンスが与えられ、成長につながり、やれることが増えていく。

人に求められているものに自分を演じていくことが一つの手段だなって思ったのよ。だから「ここは劇場、私は女優」って考えるようになった。

三成さんはでかくていかつい車、ランドクルーザーに乗って現れた。「よく戦車乗ってるって言われるんだよね」。お金が無造作に置かれている。「汚ねーし、男子力が高すぎるってよく言われる」。車内ではまた女子トークが繰り広げられた。

今一緒に来てるのはみんな同じゼミなんだよね？仲良し？いいね、でも男子は男子扱いしてほしいと思っているのかな。最近はザ・男子みたいな人がいない。昔のリーダーみたいな。「もう俺についてこいよ」「それ俺がするから」っていうのは社会の中で求められてないから減ってるのかもね。俺についてこいみたいなのがすごい好きだったんだけど、最近なんかちょっ

と、疲れる。

どんな話をしているときも三成さんは常に笑顔だ。大学のゼミの先生が退職が近いおじいちゃんだった。三成さんは「君の笑顔は世界を幸せにするよ」と毎回言われていた。

私にそんなことできるわけないじゃんって思ってたんだけど、最近になって、自分が笑顔で誰かのためにやるっていうことを予測して、こう言ってくださったのかなって思うようになった。ちょっとつらいなって思っても笑顔でいることによって、与えられたステージをクリアできるって思ってる。

風の人にも土の人にもなれる

風土という言葉は、風と土でできている。地域に根差す土の人と新しいコトを起こす風の人で地域は成り立っている。都会と地方という考えではなく、自分の住む地域と他の地域を知ることが大切なのだ。

私は奥出雲にいるともちろん土の人。けれどもひとたび知らない土地に行けば自分も風の人

になれる。それが当たり前のようにそうなったらいいなと思ってる。呼吸をするときに吸って吐くってのを誰も意識しないと思うんだけど、呼吸をするように風の人にも土の人にもなれるって思ってる。

昔から住んでいる人たちは「うちの町には何もないわ」なんてことを言うけれども、比較できるものや事象をたまたま知らないだけ。もし他の地域を知ってたら「あっそれに比べたらうちの方はここがすごいわ」「それに比べるとうちはここができていないから頑張らんといけないね」っていうふうに次やるべきことが明確化していくと思う。

うちの町だけ良ければいい。そんな考えがなくなることで自分の地域と他の地域という壁がなくなり、自分のふるさとがどんどん広がっていく。そうしてだんだん日本がコンパクトになる。

人はついつい見かけにだまされる。キラキラしていてできる女性というのが世間が抱く三成さんへのイメージだろう。しかし、実際はがさつで男っぽい性格。誰にだってコンプレックスの一つや二つ持ち合わせているものだ。いつも笑顔の三成さんだってコンプレックスを抱き、悩み苦しんできた。しかし、三成さんは自分のコンプレックスとうまく付き合っていく術を見つけた。それが「私は女優」という考え。大事なのはコンプレックスとのうまい付き合い方を見つけ、試行錯誤すること。それだけでもきっと道は拓けるのだ。

三成さん自身は心のパンツを脱いでいるのか、ふと気になった。

相手のパンツを脱がそうって必死になるけど、相手は脱ぎ方を知らないだけかもしれないし、「まず自分から脱ごうよ」って。まあ、そうは言っても、カッコつけてんだけどね。脱いでるけど、葉っぱつけてんじゃんお前、みたいな。簡単じゃないよねー。

努力の上の完璧

田舎でなんか一生暮らさない。ずっとそう考えていた。大阪生まれ埼玉育ちでコンビニのない生活とかしたことないし、花粉症だし、とにかく絶対田舎で暮らそうなんて考えたことはなかった。そう思いながら向かった島根。着いてすぐに三成由美さんがいる奥出雲町役場仁多庁舎へと向かった。その日は雪で、荷物も多く気分がいいとは言えなかった。やっぱり田舎は私に向いてないな。

役場へ着いて不安になりながら地域振興課の前へ。すると背の高いすらっとした女性の後ろ姿を発見。振り返って「あっ取材してくれる大学生さん？」と笑顔で出迎えてくれた彼女こそ三成さん。奥出雲とは不釣り合いなオーラを身にまとい、ついつい見とれてしまった。こんな人も田舎にいるんだ。田舎への偏見が少し消えた。

次の取材の時に私はとんだ失態をおかした。しっかり準備をしていたはずが、電車に乗り遅れてしまった。次にくる電車は四時間後。絶望しながら三成さんに電話したところ「今から迎えに行くからご飯食べたりして待ってて」とのこと。奥出雲から松江まで片道で二時間弱かかるというのに。この人はなんて優しいんだと本当に驚いた。お詫びの印としてゴディバを買って渡した。

今でこそこんなに完璧そうで、田舎にはいなさそうな不思議な雰囲気があるが、昔はそうではなかった。大学で都会に出て、地元に帰ってきてからも特に目立つことはなく、言われたことをこなすだけの「普通の人」だったのだ。変わるきっかけが三成さんの中でちょうどいいタイミングで回ってきて、三成さん自身も変わりたい、このままじゃダメだ、と思ったから、今では「すごい人」と言われるようになった。

「田舎ではUターンをする人は都会で負けて帰ってくる人だと地元の人は思う」という話を友人から聞いた。三成さんが帰ってくるときもそうだったかもしれない。しかし、きっと今では三成さんを敗者だなんて思う人はいないのではないだろうか。地元の活気を取り戻すためにたくさんの企画を持ち込み、たくさん成功させている。多くの人が三成さんに信頼を置き、奥出雲の将来を託している。

変わるきっかけが回ってくるタイミングはきっと人それぞれなんだろう。私は悩んだらじっくり考えてしまい、チャンスを逃してしまったり、もういいやなんて思ってしまうことがある。あまり仲良くない人には仮面をかぶってしまったりする。つまり「心のパンツ」を履いたままなのだ。

三成さんは「悩んだらやってみよう」「思い立ったら即行動」とか、そういう考えで何でもやってきた。傷ついたり、誰かにいろいろと言われたりすることも多かったはずだ。それでも三成さんは自分自身と向き合い、自分の経験やコンプレックスとうまく付き合う方法を必死に探して見つけてきたはずだ。自分の殻に閉じこもってる場合ではない。もっと自分自身と向き合わなければならないのだ。言い訳して生きてきた自分とはさよならする時が来た。変わるチャンスはきっと今だ。

（有賀　愛）

05

西藤将人

僕といれば奇跡に出合える

さいとう・まさひと
劇団ハタチ族代表。1983年、鳥取県米子市生まれ。2011年、米子市で演劇ユニットハタチ族を立ち上げた後、徐々にメンバーが増え、2013年に劇団ハタチ族を旗揚げ。拠点を島根県雲南市へと移す。2015年元日から、雲南市で毎日公演し、観客がゼロになったら終了という「365日公演」に挑戦している。劇団員は9人。

僕といれば奇跡に出合える

西藤将人

駅前ホールの片隅で、観客がゼロになったら即終了の「365日公演」に挑戦する劇団ハタチ族を率いる西藤将人さん。中学で不登校になり、ガラス清掃、フランス料理修行、どれも中途半端で逃げてきたが、演劇からは離れられなかった。そんな西藤さんの才能を見込み、小さな地方のまちが活躍の場を提供する。一部でひそかに進行していた演劇のまちを目指す「シモキタ計画」。崖っぷちのダメ男にチャンスが巡ってきた。

無意味で無謀な企画

花柄のスカートをはき、かつらを被って「スタート！」と言うが音楽が流れない。「遅いのよ！」と舞台から降りて音響へずんずん近づいて行く。舞台で自由に動き回る。「ぷっ！ぷっ！ぷっ！」と客席に指を指すと、迫力に押されて観客が思わずのけぞった。

西藤さんが率いる劇団ハタチ族の活動拠点は、島根県雲南市のチェリヴァホールだ。ＪＲ木次《きすき》駅前にあるスーパーとホールが融合した複合施設だったが、二〇一五年四月にスーパーが撤退、三階建ての鉄筋コンクリートの建物は大半が使われなくなった。ハタチ族の３６５日公演のステージは正確に言えばホールではない。五〇〇人収容のホールの横にある通路に、簡易ステージとイスを並べただけだ。ジャンプをしたら手の届きそうな低い天井、備え付けた小さなライトを浴びながら舞台に立つ。

誰もやったことがないことをやりたいっていうのがあったのかもしれないですね。できちゃうって思うことをやってもしょうがないなと思ったんです。でも、すごいことをやっているという自覚は正直あまりないんですよ。

劇団員は九人。二〇一五年の元日の第一回公

演は、正月らしい落語を演劇風にアレンジした「新春ハタチＲＡＫＵＧＯ」。雪が降りしきる中、三八人が来場し、用意したイスが埋まった。周りからは「なぜ、そんなことをするんだ？」「無意味で無謀な企画だ」と言われた。

なんでこんな公演になっちゃったんだろうってお客さんに土下座したい時もありますけど。でも絶対謝らない。申し訳ないけど。仕事して稽古もやれっていうのは普通に考えて無理な話。お客さんもだいたい分かっているんだよね。分かっているから来てくれるっていうか。すごく申し訳ない部分もあるし、ありがたいこともあるけど。

ハタチ族は、西藤さんを除き、日中は別に仕事を持っている団員がほとんどだ。３６５日公演も平日は午後八時から。団員も、お客さんも、仕事を終えて、駆けつけられる時間に設定している。「できることをやってもしょうがない」が口癖の西藤さん。公演を終えて、ポケットに手を突っ込んで、サンダルで登場してきた。どこか態度が大きくて、気怠そうな表情、イメージ通りだった。

だいたいフェードアウト

一九八三年生まれ、身長一七六センチ。生まれも育ちも鳥取県米子市。365日公演をしている雲南市とは縁もゆかりもなかったが、導かれるようにたどり着いた。どんな少年時代だったのだろうか。中学一年生の二学期から学校へ行かなくなったという。

特にいじめられたりしてないんですが、もう行きたくないなって。勉強とかも割とできてた方なんですけど、息苦しくなっちゃって。ずっと家ん中でね、本を読んだり、音楽を聞いたり。あとは、外でぷらぷらしたりとか。そういう生活ばっかりやってて。

三年間で半分も出席せずに卒業。高校へはすぐには行かなかった。一七歳の時、中学校時代からお世話になっていた生徒指導の先生が趣味で関わっていたジムへ少しずつ行くようになった。プレハブ小屋のジムで始めたのは、重量挙げの一つの種目であるパワーリフティング。

単純だから、持ち上がらない物を持ち上げられてるってのがもうね、カッコいいんですよ。ちょっと太ったっていうのもあったのかな。暇だったし。パワーリフティングって超マイナーだから一八歳に初めて出た大会で中国地方三位になって。楽しかったんでしょうね。

だから、昔はムキムキだったんだ、と今では細くなった体を見せつつ、それもすぐやめたんだ、と付け加えた。人より二年遅れで、通信制の高校に通い出した頃だった。

僕はだいたいフェードアウトタイプです。自分に自信が出てきたんでしょうね。高校にも通って、友達とかもできて、遊びに走っちゃった。いわゆるよくあるやつ。で、フェードアウトしちゃったって感じですね。

同じ時期、ガラス清掃のアルバイトをしていた。まったく興味がなく、やりたくもなかったサッシを雑巾で拭くという作業を任せられた。

「掃除の仕方教えてやる」って言われて、力の込め方とか、絞り方とか。たらたら拭いていたら汚れなんかとれない。力を込めてやるとね、汚れがとれるっていうのがどういうことか分かる。雑巾も掛け方がちゃんとあるんだって。掃除もできないやつは何にもできないって。

ここで西藤さんは、やりたくなかったことや、つまらないと思っていたことでも何かが絶対にあるのだと気付く。「やりたくないことをやろう」と思い始める。

運命的じゃないですか

四年間通った通信高校を卒業したものの、することがなかった。付き合っていた彼女にもふられて、やけになっていた。「一番やりたくないことをやろう」。それが演劇だった。高校に演劇をしている先生がいた。電話しようとした瞬間、着信音が鳴った。

先生が「オーディションを受けてみんかな?」って。運命的じゃないですか。単純だから感じちゃったわけですね。それまでは演劇も見たことがなかったし、むしろイメージ悪いじゃないですか、演劇やっている人って。稽古やって、酒飲んで、男の人はさ、ヒモとかになってって印象あるでしょ?底辺なんですよ。いわゆるね。

オーディションの誘い。興味があったわけではない。むしろ、一番やりたくなかった演劇。オーディションに通り、初舞台を踏む。芝居小屋を復活させるための時代物の劇だった。

一回終わって、僕全然できないんだと思って。できるようになるまでやろう。ちょっと悔しいな、もう一回やってみようって感じだった。そのとき共演していた人たちと一回、自分たちだけでお芝居をやってみようっていう話になって。

共演者の中にいたのが、亀尾佳宏さんだった。当時、島根県雲南市にある県立三刀屋高校の国語教諭で赴任する先々で演劇部の顧問に就くたび、全国大会へ連れて行く実力派。亀尾さんが脚本・演出を担当した『人生ゲーム２００６』は、勉強する意味を問いかけた作品で、米子市と出雲市で公演し、西藤さんも出演。その他いくつか舞台を経験する中で、プロの役者に会う機会があった。

『人生ゲーム２００６』、楽しくてね。あと、プロの役者さんって本当にすごいですよ。異常なんですよ、いろんな一挙手一投足が。上を見たらキリがないんですけど、すごくて。で、「お前もそこそこやれるよ、東京来たら」みたいなこと言われたのかな。

そのころ既に二三歳。プロの役者として生きていく選択肢を知り、意識するようになっていった。しかし、ここでまたフェードアウトする。

人前から姿をくらまし…。いろいろあるんですけど。これはね、言えないやつ。ちょっと、なんか、芝居ができない環境になっちゃって、自分の身の周りが。その事情とかをみんなに言わずにいなくなったりして。誘われて、もう一回復帰して、でもやっぱ辞めてっていう繰り返し。何回も辞めているんです演劇を。

フランス料理人になろう

そのまま二年ほど、演劇には戻らなかった。フランス料理人を目指し、ハローワークで見つけた米子市にある老舗の洋食屋に見習いとして飛び込んだ。オードブルの担当を任され、ひたすらオードブルを作る日々を送っていた。

芝居を忘れるためにみたいな。フランス料理人って、一番難しそうだなって。フランス行こうと思ったし、フランス語覚えなきゃでしょ。それって一番難しいかなって思って。

西藤さんはここでも、できなさそうなこと、やりたくないことを選んでいた。

できそうなことでも、そう大差ないでしょ、難しさは。だったらできなさそうなやつの方ができなくて当たり前って思えるでしょ。自分なりに言い訳してるんじゃないですかね。基本僕の思考回路はだいたい逃げだから。

精神的にもしんどい時期だった。自分はダメだ。本気でフランス料理人になろう、と坊主にしていたが、心のどこかに演劇があった。何とかなると思いつつも、不安もあった。そんなとき、再び電話が鳴った。

鳥取市でとある芝居があるからそこに出てみないかと言われて、「いやーちょっと今は」って断ったけど。やっぱりやるかっていう感じで。あんまり覚えてないけど。んーまあそういうタイミングだったんじゃないですか?

知り合いからの誘いをきっかけに演劇に復帰。フランス料理はフェードアウトした。

「東京でしか芝居は」と思っていた

その後、鳥取県文化振興財団の演劇『鯨を捕る』のオーディションに合格。この演劇を通し、プロの演出家のすごさに触れ、東京への想いが募る。東京都にある新国立劇場の演劇研修所のオーディションを受け、最終面接まで残った。

間違いなく通るだろうと思ったら、最後で落ちちゃって、何でだよって。笑える話で、コミュニケーション能力がダメだった。ディベートがダメだったみたいで。運なんですよ。

ショックが大きく、この頃の記憶はあまりないという。仕事もどうしていいか分からない。自分に嫌気がさし、衝動的に、再び東京へと旅立った。

このときはねえ、受け入れ先も何もなくて。みんなにも、親にも「俺は東京に行く」って。芝居やりたい、東京でしかできないと。とりあえず行くしかなくて、もう、もう、東京に行っ

て考えるぐらいの感じだったんです。そのくらい追い込まれていたんです。当時は。

何かにせき立てられるように、追い立てられるように、たどり着いた東京。友人宅に転がり込んだ。翌日から借りるアパートを探す予定だった。それなのに、わずか一日で帰って来てしまう。思い出すのも苦しそうな表情になった。

なんか怖くなって。行って、あれ…？って感じだった。あっ、僕は全然覚悟ないのに来ちゃったって。で、帰ってきたら帰ってきたで「何やってるんだ」ってなるでしょ？もうどうしよーってなって。僕はダメだー、クズだー。簡単に言うとね、そうなった。

現状に満足しているわけではなかった。「ほら見ろ」と思っている人たちがいるのも悔しかった。数週間だったのか、二、三日だったのか、ぷらぷらする中で、心境に変化があった。

このままじゃ終われないって。じゃあ何やるのかって、もうシンプルに、芝居しかないって状態になったんですよ。僕ほど履歴書書いてる人いないと思うんだけど、もうこれ以上書きたくないって。とりあえず一所懸命やってみようって。死ぬ気になってやってみようと思った。

もう一つの運命的な出来事

このころ、もう一つ、運命的な出来事があった。後に、ハタチ族団員に加わり、奥さんにもなる大原志保子さんが店長をしていた小さなバーのようなイタリアンに一日中入り浸っていたときのことだ。ミュージックビデオが流れてきた。

「ひとりぼっちの東京タワー時代遅れの東京タワー　その姿は本当格好良くて
俺も東京タワーになりたいなあって思った
夢がなくて金がなくて未来が暗くても　友がなくて彼女がなくて体が弱くても
HEY HEY HO 奥歯かんでかんでGO　HEY HEY HEY HO
ぐっとふんばってふんばってGO」

男性四人組のロックバンド「フラワーカンパニーズ」の曲。未来が描けなくたって、カッコ悪くたって、それでも、生きていくしかない。初めて知ったバンドと曲だったが、自分とシンクロした。自分には、芝居しかない。だから本当に本気でやろうと。

ほげーっと見てたわけですよ。何をすることもなく。そしたら『東京タワー』っていう曲が

流れてきて、異常に感動して。うわーなんだこの人たちはと。ぶわーってなって。
多分ね、今までお芝居やってたときは、他にもあるんじゃないかって思いながらやっていた感じじゃないですかね。周りの人には本気だって言ってたけど。もともと、芝居とかやっている人を、ちょっと軽蔑している所があったし、だから本当にお芝居しかないんだ、これができなかったら死ぬしかないなって思ったんですよ。

演劇に対する想いが変わった。フラワーカンパニーズのＣＤアルバムを大原さんから借りて『俺たちハタチ族』という曲を自宅で一人聞いた。

全部欲しい　君が持っているもの　いつも足りない　どこか足りない
全部くれ　みんなくれ　あれもくれ
物真似しても　自分にしかなれない　化粧してもペンキ塗りつけても
やれるだろう　やれるはず　言い続けて二七

「やれるだろう、やれるはず言い続けて二七」とか、割と全体的な歌詞がね、まんまそうなんですよ。ださいでしょ。でも、いいなーと思って。で、ハタチ族でいきましょうって。

「やれるだろう、やれるはず」と心のどこかで言い訳をしながら、本気になってこなかった自分と、またシンクロした。しかも、ちょうどその日が、西藤さんの二七歳の誕生日だった。自分が役者として活動するユニット名を「ハタチ族」に決める。

不義理を働いているから、地元の劇団さんには出れなくなっちゃったりとかして。とりあえず自分でやるしかないって。自分の好きな芝居をやってみようって思ったのがハタチ族。その時は劇団じゃなくて、当然、一人だったんで。一人です。

ハタチ族始動

二〇一一年、「演劇ユニットハタチ族」が米子で始動した。活動するうち、少しずつ仲間が増えてきた。まず加わったのは、現在副代表をしている井上元晴さん。初舞台での共演をきっかけに、亀尾さんとともに何度か同じ舞台を踏んでいた。

井上は、絶対こいつとは一緒にやっときたいなって。じゃあ一緒にやろうぜって、二人になって。稽古場にいるとめちゃくちゃ雰囲気がいいんですよ。こいつは、手放したくない。そういう人材は貴重なんですよ。

その半年後、松江市などでタレントとして活躍していた松島彩さんと、音響や照明、舞台監督など幅広く担当できる松浦智有さんが、加わった。

松島が一緒にやらしてくださいって言ってきて、松浦は一緒にやろうよと声を掛けた。四人にもなったから、まあ劇団にするかみたいなところだったんですわ。結構ノリな感じでした。

一人ならまだしも、劇団を運営していくのは、簡単ではない。しがらみも生まれる。ただでさえ、フェードアウトタイプ。ただ、「やりたくないからやってみよう」と思った。寄せ集めの集団と慣れ親しんだ劇団の違いを感じることがあった。

いわゆる商業演劇だと一週間ぐらいでパパっとつくっちゃうんですよ。知らない人同士、才能ある人同士が集まって、それなりのものにはなったとするじゃん？でもやっぱね、違いますよ、質が。こいつら下手だなっていうやつらでも、じっくりつくったり、分かっている同士だと、違うんですよ。

気心が知れていなくても仕事はできるかもしれない。しかし、演劇はその場の空気感がとても影響する。劇団でなければできない芝居がある。

あんなギラギラしたやついない

二〇一一年五月、米子市であったハタチ族一回目の公演後、亀尾さんから「雲南でやってよ」と持ちかけられた。亀尾さんは、公募で集まった市民が出演する市民劇を始めるなど雲南市を拠点に熱心に取り組んでいた。翌年、ハタチ族の第二回公演が雲南市のチェリヴァホールで行われた。ちょうど亀尾さんが脚本、演出する市民劇「異伝ヤマタノオロチ」の出演者の募集があり、西藤さんも参加することになった。雲南との関わりが深くなっていった。

さすがに一回公演するのと違って、週三、四日も稽古で雲南に通うっていうのは大変なんで。片道一時間はかかるし。難しいかなって思ったんですけど、まあやってみっかって。

亀尾さんは、稽古には一人早く来て、休まず真面目に向き合う西藤さんの姿を見てきた。脚本にも、自分の頭で考えて意見してくる。人に不義理をしたことで、批判も聞こえていたが「腹が立つこともあるけど、あんなにギラギラして熱を持って芝居やるやつはいない」と亀尾さんは言う。市民劇の奈良公演が行われたとき、宿の大浴場で、二人は同じ湯船につかった。

亀尾さんにこれからどうするのか聞かれた時に、残ろうって思ったんですよね。東京で頑張

ろうというより、残ろうって。東京じゃなくて雲南で面白い芝居をつくっている方がカッコいいって思ったのかなあ。良い役者になることしか考えなかったけど、劇団やりだして、全部自分でやっちゃえばいい。こっちでつくって持っていくのでもいいじゃんって。

東京でしか演劇はできないという思いは、もう消えていた。市民劇で雲南に通い、亀尾さんや市民と稽古をするうち、雲南の方が面白い芝居ができる、自分が一番力を発揮できそうだと思えるようになっていった。理由の一つが、チェリヴァホールに関わる人々の存在だ。

チェリヴァホールが演劇を応援していて、演劇の事業に寛容なんですよ。演劇の公演ってどうしてもお金がかかるので、そこはとてもありがたくて。雲南市が文化を大切に、新しいものも取り入れようとしている流れがある気がしたんですよね。

雲南市では、ひそかに「シモキタ計画」と呼ばれる計画があった。当時稼働率が低迷していたチェリヴァホールの館長を中心に、演劇のまちとして知られる東京・下北沢のように、雲南市も演劇のまちにしようという願いが込められていた。亀尾さんも「しびれたんだよね」と激しく共感していた。

あと、亀尾先生がとても僕を信頼してくださっている部分もあって、必要とされている感じがしたんですよね。

演劇がしやすい環境づくりに加えて、何度も演劇から離れた自分を見捨てなかった亀尾さんの存在は、大きかった。結婚した大原さんと一緒に、雲南市への移住を決める。そして、大原さんや市民劇で出会った人たちが加わり、ハタチ族は九人になった。

演劇テーマパークをつくる

以前『フランチャイズの犬』という演目で、一週間続けて公演を行ったことがあった。自営業の知人が「初めて演劇を見に来ることができた」と喜ぶ姿を見て、いつでも演劇が見られる環境がある大切さに気付いた。地方では、集客がしやすい週末公演が基本だ。

毎日演劇をやって、なんか戦ってる場所みたいなのがあるってのが、劇場の在り方、もっと言うとエンターテインメントの在り方じゃないかと。「演劇テーマパーク」っていう言い方をしているけど、毎日本番、島根のどっかで演劇やってるような環境をつくりたいって。

月に数本しか公演が行われないという地方の現実から考えれば、高すぎる山だ。一〇年後にでも、自分たちの劇団が大きくなり、他の劇団も島根県内にたくさんできれば、そうした目指す環境が実現するのではないかとぼんやり考えていたこともあった。

でもそんな人任せにしちゃダメだろうと。毎日やってる環境を、無理矢理つくってやろうって思ったんです。一カ月毎日異なる公演をした劇団の話を聞いて、まず一カ月でやろうかなと思った。でも、それならできちゃうなって。だったら、毎日やってみる？

できそうなことはやってもしょうがない。これまで自分ができなさそうなことを選んでやり続け、演劇にたどり着いた。だから次は、人ができなさそうなことをやってみよう。「３６５日公演」へのチャレンジを決めた。

できなさそうでしょ？ 無茶じゃんって。だから、やろうってことですね。今僕にしかできないことを追求していったらこうなったんです。場数を踏みたいとか単純な思いもあった。そしたら毎日やればいいじゃんっていうシンプルな感じ。ちょっと違いますけどね、今までのとは。

ちょっと違う。それは仲間の存在だ。３６５日公演も、ハタチ族の団員たちが嫌だと言えば、やるつもりはなかった。

みんながやるって言ったから。一人だったらできないですよ。まあ、劇団って俺だけじゃないから、何とかなるだろうっていう感じもあった（笑）。僕の人生のファインプレーは、劇団

にしたことですね。

二〇一五年の元日からこうして始まった３６５日公演。一月には、一回も稽古ができずに本番を迎えた舞台や、脚本を書き上げたのが本番前日の夜ということもあった。松島さんとの二人舞台。松島さんは、不安のあまり、隠れてトイレで泣いた。朝から二人で必死に台詞を覚えた。

公演打てないなってときがね、一〇回はあったかな。もう無理だって。背水の陣が迫って来る感じがするんですよ。ルパンとか、崖がどんどん崩れて行くじゃん。毎日あんな感じです。前を見て走っていてどんどん壁が崩れていく。

毎日公演を行うだけでも大変なのに、独りよがりのものにはしたくないと「お客様がゼロになったらチャレンジ終了」というルールを決めた。一月や二月には、本番直前まで誰も来ず、冷や汗が出たこともあったが、新聞やテレビで話題になったこともあり、五カ月経った現在では、安定的にお客さんがやってくる。

３６５日はできます。間違いないです。みんなが成長したからじゃないですか。仮に、僕がいなくても。一年やるというスキルは身につきました。今思うとね、最初のころは、結構ぬるい感じでしたね。仕事としての意識は僕の中でものすごい変わりました。見に来ている一人一人、もう絶対俺のファンにしてやるぞっていう感覚が生まれました。

言い切った後で「舞台役者としての、根っこの部分はまだまだですよ」と続けた。もう一つ、まだ足りないと感じていることがある。雲南へ来る他の劇団の招致だ。他の劇団が雲南で公演する日は休演し、サポートに回る。積極的に招致をしているもののそれほど多くはない。

特に、演劇やっている中央の人たちが雲南に目を向けてほしいんです。演劇をやっていれば、避けては通れない、雲南に一回行ってみっかってならないと。もっと、関わる人を増やして、波をつくっていきたいですね。

だが雲南の「まちづくり」のために、演劇をしているというつもりは、さらさらない。最初の頃は「自分たちを利用してまちを活性化させてほしい」と言っていたが、今の心境は違う。

利用してくださいって、それも人任せでしょ?ちょっとセコイなって思ったんですよ。自分がやるべきことがある。そんな甘いこと言ってんじゃないよって思ったってことですかね。今は、自分一人でどこでも出かけて行って、お芝居させてください、見てください、ハタチ族を知ってくださいってやろうと思ってるんです。それで地域が栄えたら一番いいでしょ。

僕といれば奇跡に出合える

何度も演劇から離れてきた西藤さん。人に迷惑もかけてきた。反発や嫌われることも少なくない。「西藤アレルギーが結構いますよ」と言う一方で、それでも支えてくれる人がいて、今も365日公演という無謀なプロジェクトにも一緒にチャレンジしてくれる仲間がいる。何が周りをそうさせるのか。

ははは（笑）。自分にそれを言わせるんですか。僕がこれやるぞって言ったことよりもだいたい面白くなるんです。毎日情熱大陸みたいな感じですよ。毎日ドラマ。演劇以外のところでもいろいろ。多分、これやるって言わなかったら皆さんともお会いしていないでしょ？　東京から一日で帰って来てもう一回やろうって思った時も、奥さんが「とりあえずやってみようよ、またやろうや」って言ってくれた。そこに甘えたって部分もあります。言ってくんねーかなって心のどっかで思っていたんだと思う。

フェードアウトするけれど、縁を大事にしてきた。「口が上手い」と言う西藤さんに操られているような気持ちになって、「もっと、彼のことが知りたい」。そんな余韻が残った。

うん。あとまあ割とデカいこと言うからね。人が言わないこと言うし。３６５日やる前にね、インタビュー受けてて、ホームページの「あいにきた」ってコーナーに載ってるんですけど、今思うと恥ずかしいこと言っちゃってますもんね。

「あいにきた」の言葉がこちら。

僕となるべく長い時間、一緒にいてくれれば、いろんな奇跡に出合えると思います。奇跡と言っても、うれしいことだけじゃなくて、しんどいこともあるけど。というか、きっとしんどいことの方が多いけど（笑）。でも、自信があるんだ。頑張らなくてもいいから、とにかく僕と一緒にいてください。

東京は一〇〇パーない

３６５日公演が実現できると確信を持てるようになった今、終わった後、来年から先のことはどう考えているのだろうか。あれほどこだわっていた東京。「今後、拠点にしたいなというのはありますか?」。聞いてみた。

あ、ないないない。それはないです。一切ないです。一〇〇パーないですね。お呼ばれしたら行ってもいいですよ(笑)。ハタチ族がある限り、見に来てもらいたい。ここでしか見られないから雲南でやっていこうと思ってます。

これまでも、そして今も、芝居をするなら東京というのが「常識」だ。だから、島根で表現者が生活できるマーケットをつくることが、大きな目標の一つだ。

東京でしかご飯食べられない、東京でしか良い演劇が見れないっていうのは、悔しいっていうかおかしいんですよ。おかしい。異常事態なんですよ。

力強くこう語る西藤さんがもう演劇から離れることは、本当にないのだろうか。

正直やめたいですよ。やればやるほど自分ダメだなあって思うんですよね。お芝居下手だから。できたらもっと見えるものがあるから。やりきりたいですね。舞台上で死んでみたいですよ。完璧なお芝居やって、心臓発作で死んでみたいですよ。でも、少なくとも年内は死ねないな。

社会を変える力、可能性は誰にでもある

役者さんが地方にいると考えたこともありませんでした。ただ、役者さんと話す機会はなかったし、今まで会ったことのない人と話せる、とワクワクした気持ちでいました。松江駅から西藤将人さんが公演を行っている取材現場に車で向かう途中、ガソリンスタンドを探したのですが日曜日でお休み。不便そうだし、あまりの静けさに少しそわそわしました。私は北海道生まれですが、小学生から東京都日野市で暮らしています。日野市は東京の中では田舎だと思っていますが、島根よりよっぽど便利だ、と思いました。

演劇は、高校の学園祭で演劇部の公演を見たくらいでしたが、西藤さんの公演では、お客さんたちが一緒に笑って、一緒に静かになって、一緒に拍手をしていました。舞台と観客がとても近く、観客から役者さんの表情まで見えるので、一体感がありました。役者さんからも観客の顔が見えているのだろうという緊張感もあり、自分の存在も劇に影響するのかな、と、ちょっと得意げになりつつ見ていました。

取材中は、西藤さんが取材慣れしていて、話しやすい雰囲気でしたが、「口が上手いから自分で威圧感をかけるような話し方もできるよ」とおっしゃっていて器用な方だなと思いました。中学に行かなくなったのも、勉強に追いつけなくなったわけでもなく、何もしなくてもある程度できちゃうからフェードアウトするのだし、劇団の代表としてみんなを引っ張っているのも私には器用に思えました。

目の前の器用な西藤さんと、不器用な人生とのギャップが不思議でした。不器用な自分から見たら羨ましい。でも、器用だからこそ今まで迷ってきたという印象を受け、器用な人も本気で生きてやる！と思ったら、苦労の連続なんだな。意外と人間平等だ！　と少し思いました。

何度もフェードアウトしながらそれでも演劇に戻るのはすごい縁の持ち主だなとも思いました。西藤さんは、自分の器用さと向き合ったから縁がつながったけれど、私はまだ不器用な自分に甘えているのかもしれません。

私は、世の中の人がどんなことを考えているのかを知りたいです。服の流行のように「今年の流行はこれ」と決めるのではなく、「これ欲しいな～」と人が思うものを理解して提供できるようになりたいです。西藤さんは、雲南で演劇が見たいと思っている人が、いつでも公演を見ることができるように３６５日公演を行っています。世の中の人が欲しいと思っているものを、欲しいと思っている人に届ける人です。

この取材を通じて、西藤さんの存在自体に影響を受けました。社会を変える力、可能性は誰にでもあって、気持ち次第で動かせるということを教えていただきました。西藤さんは、自分がお芝居をすることで地域が栄えたら一番だ、と話していました。お金がかかることをしなくても、自分の行動でまちおこしができる可能性があると感じました。「地域を盛り上げる」というのが一番の目的ではなく、自分がやりたいことと地域おこしが交わったところで活躍しているのが風の人だと思いました。

（坂井友紀）

06

FROGMAN

田舎だとチヤホヤされる

フロッグマン

映像クリエイター。1971年、東京都生まれ。2001年島根県平田市（現出雲市）に移住。アニメ「秘密結社鷹の爪」が大ヒット。2005年株式会社ＤＬＥ（東京都）に入社、2007年から取締役。2008年度ニューヨーク国際インディペンデント映画祭で「アニメーション部門最優秀作品賞」「国際アニメーション最優秀監督賞」W受賞。島根県の自虐カレンダーも手掛ける。現在の拠点は東京。

田舎だとチヤホヤされる

FROGMAN

映画監督を夢見て制作スタッフになった少年は、ボロボロになり、偶然訪れた何もない県に移り住んだ。無職で楽しく暮らしながらも五年後、たった一人でつくったアニメをインターネットでヒットさせ、東京へとUターンする。テレビアニメ『秘密結社 鷹の爪』で知られる有名映像クリエイターFROGMANは、今の自分を「泳ぎを忘れたカエル男」と自虐的に表現しながら、東京のど真ん中からヒット作を生み出し続ける。

偉大な何かになる

男だけの七人兄弟の「末っ子」だった。上下関係に厳しい家庭で、年上の兄に失礼な口を聞けば鉄拳制裁が下った。

兄貴に対して売り言葉に買い言葉のように言うと、さらにその上の兄貴が「てめぇ今なんつ

った！」って。

とはいえ喧嘩はしたし、両親は共働きの中、年の近い兄弟同士は仲が良かった。いつも兄たちに交じって、いろんなものを見たり聞いたり。偉大な兄たちは、世界を広げてくれた。

中学生になると僕と年が近い兄貴たちもいろんな音楽聴き始めるから、いろいろありましたよ。ＹＭＯやビートルズ聴いてる兄貴もいて、ツェッペリン聴いてるのもいればジャズが好きなのもいるし、松山千春聴いてる兄貴もいたし。

家の中ではいつもいろんな音楽が飛び交っていた。デートに行くような年齢になれば、今度は映画の話題が飛び交った。面白く、しかもそれぞれのスタイルを持っていた六人の兄は、カッコ良かった。映画も、アニメも、音楽もいろんなジャンルに触れていった。

「お前は一言多い」って言われてて。皮肉屋だったんですよ。まぁ性格が悪かったんだと思うんですけど。だいぶうちの奥さんに、そういう性格は矯正されたんだけど…かなり、最悪な性格だと思うんですよ。はい。

兄たちに交じって物を見ていたＦＲＯＧＭＡＮは、ませていた。同世代の子たちが天真爛漫に喜んで見たり聞いたりするものも、「ちょっとついて行けねぇ、ガキっぽくて」とばかにしているような子どもだった。

四月生まれで体も大きかったし、勉強もできて、しかも喧嘩も強かったから、クラスではガキ大将みたいな感じでね。運動もできたしね、なんとなく自分も、将来自分は偉大な何かになるって勝手に思い込んでたりしてたしね。きっと只者じゃないって思いもあったし。

「実現して何よりです」という隣に座る広報担当の冷やかしに「言う程でもないけれどね(笑)」と謙遜をするFROGMANはうれしそうだ。

小さいころから目立つためにさまざまなものを作り、反応があることを喜んだ。アポロ一一号をテレビで見れば、画用紙を組み合わせて「サターンV型ロケット」を作り、スターウォーズを見れば、紙粘土でキャラクターを作り、父の八ミリカメラで映画を撮った。他にもキットでFM送信機を作り、隙を見計らって電波を飛ばして遊んでいた。

あのころのFM放送ってテレビの民放の周波数とぶつかっちゃうんですよ。だから、たまたま兄貴がビデオデッキで番組を録画していると、俺が遊んでいる時間帯は映像が乱れまくってて「てめぇこの野郎!」みたいな。

またもや鉄拳制裁が下る。上下関係の厳しい兄弟の中、やはり兄貴は兄貴だった。

だから兄貴に対してライバル心はなかった。でも同じクラスのやつらに負けるのは嫌だった。負けず嫌いだったかもしれないですね。

クラスや学校では一番になることに夢中だった。一番目立てることが面白くあることだった。

本格的に映画に取り組み始めたのは高校入ってから。

目立てることならとにかくなんでも手を出していたＦＲＯＧＭＡＮにとって、特別映画に対する興味があったわけではなかったが、高校時代、文化祭の出し物で映画を撮ろうという話になった時、スターウォーズの八ミリ映画の経験とガキ大将的な立場を利用した。「俺は映画撮ったことあるんだからやらせなさい（笑）」と。

それが結構、周りですごい評判で。ひょっとすると、俺才能あんのかな？と。

文化祭で上映したバカコメディは大ウケだった。この大ウケ体験がきっかけで、「いいなーこの業界！」と、映像の世界へ進みはじめる。映画界の登竜門雑誌「ぴあ」の企画する「ぴあフィルムフェスティバル」に応募した。ホラーやラブコメディを撮り、自分も出演した。文化祭で映画を撮っていた仲間とは、その後もずっと、一緒に映画を撮った。

いつも学校のロッカーの中に八ミリカメラがあって、フィルムも何本かあって、なんとなく映画の話題になって「この後撮ろうぜ」みたいになると放課後撮ってたり。

高校卒業後はもちろん、映像業界を志望した。映像関係ならなんでもいいと、読売映画社に就職した。報道の撮影アシスタントとして、国会や事件現場で、重いバッテリーを肩に担いで照明を当てたり、スタジオのカメラマンもしたりという生活だった。

撮影アシスタント自体は楽しかったんだよね。でも、映画監督になりたいなって思って。やっぱりごめんなさいっていうことで、会社辞めさせてもらってその後は、バイト情報紙か何かを読んで。

東映の子会社でアームという人材派遣会社を見つけ、働いていた中で「フリーランスにならないか」と先輩に誘われた。その後一〇年間フリーランスで、制作部で仕事をするようになっていった。主に、ロケ現場を探したり、撮影の段取りをする。仕事は過酷だった。

若者を食い物にする現場

交通違反もたくさんしました。もう本当に路上駐車しないと撮影にならねぇよみたいな時とか、場合によっては一斉に車を停めて撮影していたら警察がやって来て、車みんな持ってかれちゃうといけないから先輩が「いいよ。全部俺が停めたことにしてくれ」って四台くらいまとめて駐車違反切られたりとか。

あと、新人の後輩たちの話を聞いてあげて、最初のころは手取り一〇万ももらえないという愚痴とか。三日寝てませんみたいな感じで仕事してたりとか、よくありましたね。

映画の制作部は、かかっているリスクは大きく、やることは厳しい。夜逃げをする後輩も少なくなかった。

そりゃあねーだろって。やっぱおかしいなって思ったんですよ。映像制作の夢を追いかける若者たちを食い物にして、日本の映画やドラマは出来上がってるなーという実感はすごくあって。案の定どうなったかっていうと今、作り手、後継者がいないんですよね。僕から言わせるとザマーミロですよ。お前らがそんな作り方してるからこんなことになるんだっていうね。

お弁当を用意したり、車を用意したり、寝床を用意したり、深夜になる時はタクシーで送ってあげたり。一〇年近く働く中で、だんだんと不満が大きくなっていく。

フリーランスの制作部っていうのは、制作会社の立場になってスタッフをおもてなしするわけですよね。でも一方で自身の待遇は社員じゃないんですよ。で、これはおかしいなと。

加えて、業界内の先輩やしきたりを見ていくと、フリーランスを続けていくことにも不安を感じるようになった。

フリーランスは年齢が高くなれば当然ギャラも高くなるし、でもそれに伴って動きも鈍くなっていく。若い人はベテランの経験豊富な制作よりも、話しやすい人、若い感性みたいなものを求めてくるし。このままフリーランスやってても、きっとこれは将来的にどん詰まりになるんだろうなーと思って。

当時の状況と自分の立場を照らし合わせ、自分で作品を作っていく、配信していくという必要性について考え出していった。

フリーランスで働き始めて一〇年目、映画『白い船』の制作スタッフに加わった。『白い船』は、島根県出身の錦織良成監督の作品で、島根半島にある出雲市平田町塩津地区の塩津小学校の児童たちと沖を走る「白い船」との交流を描いたヒューマンドラマだ。日本海が広がり、自然があふれていた。

撮影場所を探したり、地元の人との交渉を行うロケハンを担当する中、島根の風土や住んでいる人たちに惚れた。制作スタッフとして働く「一風変わった姿」に、島根県文化振興財団の職員で、映画制作にも協力していた女性が恋に落ちた。彼女の上司の紹介で二人は交際を始めた。映画好きの彼女とはすぐに意気投合した。
彼女との結婚を機に、一〇年続いた制作部時代にピリオドを打った。同時に、生まれ育った東京を初めて離れて、地方暮らしを始めた。夢はずっと実写映画の監督だった。移住後も島根で実写映画を作るつもりでいた。しかしすぐに、演者や脚本家がいない島根では無理だと気付く。東京に戻ろうとは思わなかったのか。

いやー、考えなかったですね。…何だろうねー。まぁ楽しかったからね、島根がね。

今まで流暢だった話の流れが少し停滞する。

うーん、今から考えると、後付けでこれこれこういう理由だったたってのはあるけど、でもやっぱ島根に一番住み続けた大きな理由は、島根が一番楽しかったって（笑）、それぐらいなんだろうなー。何が楽しかったっていうか、何だろーね？…犬と遊んでるのが楽しかった？

暮らしていた東京とまったく違う環境だったことは、新鮮だった。ビル群や地下鉄はない。おじさんたちと遊び歩き、よく飲まされた。

東京から来た人だーっていうことでまーチヤホヤもされたし、新婚だってだけでも楽しいし。お金はなかったけど、楽しかったなぁ。あとインターネット使ってまだなんかいろいろやれる

んじゃないか、なんていう思いもあったので。

何にもないから何でもできる

島根時代は厳密に言うと「無職」だとＦＲＯＧＭＡＮは言う。地元で嘱託職員として働いていた奥さんの収入が一番の柱で、あとは貯金が頼りだった。

まー、本当に仕事してなかったから。完全にモラトリアムでした。なんか仕事してる「フリ」はしてたけど。絵描いたり。

平田市（現・出雲市）の山の中にあった家は、一〇〇坪の土地に母屋も納屋も付いていてとにかく広い。家賃は三万円。細々とデザイナーをやったり、祭りの撮影など、近所の人から頼まれる映像仕事などでわずかな謝礼金をもらう。たまに上京して映画制作に参加したりする暮らしだった。

一番面白かったのは市議会議員の人のポスターを作って選挙の原稿を書いたら、ギャラがチャーシューだった。「奥さんが作ったチャーシュー」とか言ってゴロンともらって。このやろ

ーと思って。お金もらってもいいんだけど、なんか、すごいケチってさー（笑）。

年収六〇万円。金額だけみると「貧乏」の部類に入るが、豊かで幸せな暮らしだった。仕事はないけれど、時間はたっぷりあった。

本当にのほほんとしていましたよ。お腹が減ると近くの床屋のおじちゃんのところに行って、お好み焼きしたり。そんなような日々だったから飢えることはないし、犬と遊んでるだけだし。カラス捕まえたりもしてたな。暇だから。

そう振り返る顔は、どこか幸せそうだ。

そんなに悪くなかったですよ。悲壮感はないですよ。映画やっていた時の方が、本当にすごい悲壮感。二〇代で東京でやっていた時の方が。ガツガツしてた。必死に立身出世したみたいな話に、世の中美談として捉えようとするんだけれど、決してそんなことない。

立身出世の美談が求められる中、東京のメディアでは島根でのモラトリアム時代はまるで悲壮な出来事のように扱われることも多い。でも実際はそうじゃない。これは「気の毒」「かわいそう」といわれる島根県と少し似ている。

島根も気の毒、かわいそう的な、そういうふうに言われるんですけれども、特に松江の人たちってそんなにガツガツしていないんですよ。すごくね、洗練されているんですよね。お茶の文化や城下町の品みたいなものがあって、大事だなあと思います。他の地方のようにゆるキャラでどーんとPRをやるべきじゃないなと。もっと上から目線でほら松江って素敵でしょって。あなたたちみたいな貧乏人は来てはいけないのよって、お高くとまったような、そういう売り出し方のほうが合っているなーって実は思っています。

子どもが生まれて「やばい」と思った

のんびり島根で暮らしていると、奥さんの妊娠が発覚し、出産費用が必要になった。三万円の家賃も半年間滞納していた当時の生活の中から、出産費用の五〇万円は出せなかった。モラトリアムはやめようと、コンビニのバイトを探してきた。

カミさんに「近くにローソンができるからバイトしようかなって思ってるんだよね」って話したら、「え、何言ってんの?ローソンでバイトするために島根に来たの?」って。「いやいやそうじゃないけど」と答えたら、「出産費用は親からカネ借りてでもなんとかするから自分のやりたいことやった方が良いじゃないか」って言われて。まーそっかと思って。

仕事に本腰を入れなければ。すぐに自分には映像しかないと思った。それはいろんな職種を細々とこなして来た、モラトリアム時代で得た確信だった。近くのパチンコ屋さんの映像を作ったり、お祭りの映像を作ろうと編集して記録したり、細かい仕事をやり続けていた。

ネットならどこでもできる

ちょうどね、僕が二〇代の終わりぐらいの時から、「インターネットで映像が流せるぞ！」ということが話題になったんですよ。インターネットドラマも始まって、今からすると画質も粗くてショボインんですけど、一日一分の映像をちっちゃい画面で配信して見せて。それが、もうすげー!!ってなって。一回あたり制作費で六〇万ぐらいもらってると聞いて、結構良い商売じゃないかと。そこからインターネットの映像配信でお金もうけできるんじゃないかなと思うようになりました。島根だとランニングコストは安いですし。「インターネットがあればどこでもできる」というのが売り文句だったので、これは島根でも同じことが当てはまるんじゃないのかなと。

制作部時代、仕事でインターネットドラマの撮影現場に行ったことがあった。しかし、フタを開けてみて拍子抜けした。

役者は大根だし、ディレクターといわれている子はアシスタントプロデューサーだし、ライターも社内にいる誰かに書かせてるみたいな、もうしょうもないんですよ！（笑）。こんなものに一分六〇万もお金が出るんだったら自分もやってみたいなと。ということをずっと考えているうちに、「アニメ」だったら一人でできそうだと思ったんです。

アニメに目を付けた理由は他にもあった。アニメの制作は時間もお金も人の手間もかかるイメージだったが、一〇年二〇年後のネットを中心にしたメディアにのせるべき映像は、一〇〇人、二〇〇人掛かりで作るのではなく、一人や二人、そういう少数で作らないと、採算がとれないと見通していた。

早く、しかも面白く、しかも安く作る映像っていうのは、絶対必要になってくるし、今それをやってるやつはいないぞと。そこには絶対スキマがあるんです。アニメってどうやって作ってるんだろうなーっていうのは、すごい悩みましたね。でも、それを学ぶ時間はたっぷりあったんで。何とかなるんだろうなーとは思ったんですよね。正直（笑）。

イラストにしてもデザインにしても、いつもやると決めてからインターネットで検索していた。デザイナーにとっては常識の初歩的な用語でさえ、そのつど検索して調べた。だからアニメもやろうと決めてから学んでも、遅くはないと思っていた。

島根から、一人でアニメを作りインターネットで配信する。そう決めると「アニメ」を検索していた。検索でヒットしたのは青池良輔の『CATMAN』というアニメ作品だった。


うわ、すげー、なんだこれ、こういうのだったら自分もやってみたいなっていうことで、いろいろ調べたんです。


『CATMAN』はFlashアニメ界の古典、青池良輔のデビュー作であり代表作。ネコの擬人化キャラクターの繰り広げるスピード感のあるアクションコメディで、その実写的な映像美がFROGMANを引き付けた。

すぐにFlashを手に入れ、アニメ作りに没頭した。シナリオ、声優、作画。「書けなくもない」「できなくもない」分野の能力を最大限に駆使し、たった一人で作りあげたアニメーション。こうして偶然にできた特異な作風で「鬼才」と言われるようになった。生み出した一つ目の作品は『菅井君と家族石』。歌手の「スライ&ザ・ファミリーストーン」をもじったこの作品は、島根に住む極貧ソウルファミリーを描いたナンセンスギャグストーリーだ。この作品のヒットを皮切りに『古墳ギャルのコフィー』『秘密結社 鷹の爪』と次々ヒット作を生み出した。

島根という場所は、エンターテインメントをする上での環境としては、最悪といえた。アニメを作ろうと思っても、絵を描ける人はいないし、声優もいない。

島根って何にもないから。だからどうするかっていったら、自分でやるしかないんですよ。逆に言えば何にもないから、何でもできる。

例えばね、隣にパン作りの名人がいるのに「僕パン作れます」って言いづらいじゃないですか。でも、人がいないから、ちょっとパンの作り方を聞きかじったら、周りよりパン作りが上手なわけですよ。そしたら得意げにパン作れるぞって。コレがいいんですよ（笑）。

モラトリアム時代の自分が、まさしくそうだった。イラスト、デザイン、ウェブサイト。どれもプロ級とは言えない。B級クリエイターだった。

東京だとデザイナーも何もゴロゴロいるわけじゃないですか。「すみません僕ウェブデザイナーのお仕事やります」って言うと、すぐに発注者が他のデザイナーさんに相見積とって「君へたくそだから」ってはじかれちゃう。けど、島根はそれがなかったんですよね。そういう良さ。だから何もないから何でもできるっていうことが島根の良さだと思います。

作ったことのないアニメを作れると言い張った。そうして受注した『菅井君と家族石』のCMは島根で話題になり、作品のヒットに大きく貢献した。

よくあるじゃないですか、東京で使い物にならないけど地方で何とかなって、そこでタレント活動できるとか、そういうことですよ。それってなんかネガティブに聞こえるけれど、逆に考えれば地方で自信を付けて腕を磨いて再起するって方法もありなんだなーって。

当時を思い返すかのような口調だ。決して直接は語らなかった、ヒットするまでのクリエイターとしての憂鬱。それが垣間見える「再起」という言葉は、きっと今だから口に出せるものだろう。ＦＲＯＧＭＡＮにとっての島根は喪失した自信を取り戻させてくれた、恩人のような場所だったのかもしれない。

クリエイターではなく社畜

「次どんな作品を作られますか？」って言われたらもう「会社の方針に従います」って（笑）。いや、どういうのって、作りたいものというか、できれば作りたくないぐらいなので。アニメやんなくていいですよって言われたら、喜んでやらないです。やーりーって。喜んで島根へ帰ります（笑）。

「今の自分はクリエーターではなく、ただの会社員（笑）。社畜だよ」。言葉とは裏腹にどこか楽しげである。ＦＲＯＧＭＡＮが所属しているＤＬＥという「チーム」でやり始めてからは、自分のために行動することはなくなったという。ＤＬＥに加わったのは、社長の椎木隆太さんに声を掛けられたからだ。

テレビシリーズをやりましょうと椎木に言われたときに、相当大変なことになるぞと思いましたね。今まで五分くらいのショートアニメを作るのに一週間掛けてやっていたから、毎週三〇分ってコレは大変なことだなーと。アシスタントを用意すると言ってくれたんですが、果してできるどうか、未知数だなと。どうしようかなーと思いました。

その一方で、現状通り、作品を細々とやり続けることに不安がないわけではなかった。マネジメントの部分で誰かの助けがほしいという気持ちも大きかった。そのときに、島根に適任は見当たらなかった。東京の誰かに助けてもらおうと思った。

もっと、もっとはじけたいなって。生活のことを考えると島根が一番心地良いんですけど、ビジネスのことを考えると当時はやっぱり東京でテレビシリーズを流すことが自分の中では、選択肢として最優先になったので。このまま島根でやっていてもビジネスは大きくならないなと考えていました。

「もっと」という言葉に力がこもる。当時確実に何かをつかみかけてはいた。東京に行きテレビをやれば、きっと大変なことになる。それはきっと、愛する島根での暮らしとはかけ離れたものだ。しかし、ここで終わってしまうのは惜しい。今が勝負時だと、東京行きを決意した。

「この会社を守っていきたい」とか「家族を守っていきたい」とか、今はその思いの方が強い。なんかあんまりこう「俺が、俺が」とか「俺にふり向いて！俺を見て！そして抱きしめて！」みたいなのはもうないかなぁ（笑）。

「取材の意に沿えなくてごめんなさいね」と笑う。冗談めかした発言の中、真面目な発言が際立つ。それは、心から言っているように思えた。

クリエイターって、実は何が一番幸せかっていうと、やっぱり「安定」なんですよね。

世間では安定より立身出世やハングリー精神がもてはやされる。しかし貧しいことによって発想が貧困になることもあるのだ。

生活に不安があったら良いものは作れないんですよ。これはもう本当に真実で自分が体験したことなんだけど。月末の電気代とかガス代とか払えないっていう中で、面白いシナリオなんて、書けっこない。ハラハラしてたらダメなんですよね。

余裕のある生活の中から良いエンターテインメントを生み出そう。これはＤＬＥが設立され

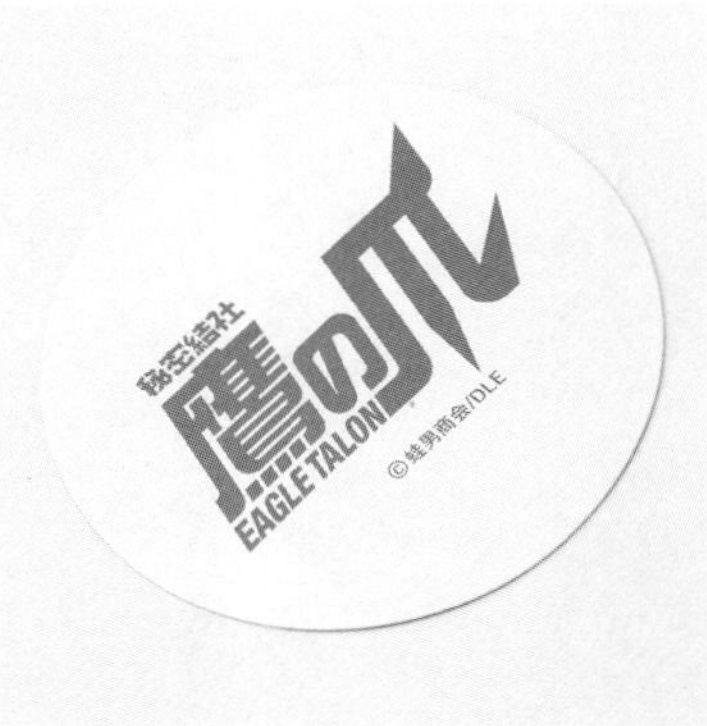

©DLE

©DLE

©DLE

た時からの精神だ。それを貫こうという思いは強い。

都会的ですごくスマートな物語や、もっともっと面白いエンターテインメントを作るためには「会社が安定する」ってことが僕は至上命令だなーと思っています。だからもう僕もね、ガツガツしない方がいいんだろうなーと思ってて。自分がやっぱ飄々としてないといけないんだろうなーっていうのはね。すごく、実は感じたりします。

ガツガツしないこと。それは、大人気シリーズとなった、島根県の「自虐キャッチコピー」にもつながっている。知名度の低さを「全国で四七番目に有名な県」と表現したりする。当初は批判もあった。

余裕の裏返しは自虐になると思ってるんですよ、僕はね。本当に余裕のない人たちは自虐できないじゃないですか、惨めになっちゃうだけなんです。島根が笑いに上手く昇華できてるのは、やっぱり余裕というか、精神の豊かさみたいなものがあるからこそ、「島根県の品」みたいなものにつながってると思うんですよね。

DLEの給料は映像制作会社の中では高い水準にある。

僕自身が過去にもう本当に生きるか死ぬか、みたいな感じになったので。そういう思いは今

の仲間にさせたくないというのはありますよ。仕事が終わって週に一回ぐらいはねー、近所の居酒屋でがっつりお酒が飲めるぐらいの余裕があって。で、毎日同じTシャツ着てきったない格好してるわけでもなく服装もちゃんとして。うちの会社の女の子見てくれれば分かると思うんですけど。みんなヒラヒラしたちゃんと華やかな格好してるでしょ（笑）。

ＤＬＥのオフィスルームではおよそ一〇〇人の社員たちが、きらびやかな服装に身を包み、生き生きと働いている。ＦＲＯＧＭＡＮがコンテンツ産業に抱える不満。制度上の理不尽や自分が制作会社の新人時代に経験したこと。ＤＬＥはそれらが改善されたコンテンツ産業の理想を追い求めている。それは今ＤＬＥの強みとなり、会社を安定に導くことでさらに面白いエンターテインメントを生み出すことを助けている。

泳ぎを忘れたカエル男

何もないから、何でもできるっていう。それが島根の良さでしょ。ただ、今以上に何かを伸ばそうと思ったときに初めて、誰もいないところで「パン上手だ」って言ってた人が、全国に出ようと思ったら、「今のパン作りじゃダメだ、修業しなきゃ」って東京に出てくるっていうパターンなんでしょうね、僕の場合。

生活が心地いいのは、今も昔も島根。昔、アニメをヒットさせられたのも、そこが何もない島根だったから。でも今、自分の中で一番のビジネスに合っているのは東京。だから、会社につなぎとめられる形でここにいる。高校卒業後、カメラアシスタント、制作部、そして島根でのモラトリアム期間を経て二〇年になる。クリエイターにとっての一番の幸せが安定ならば、今のこの状況はまぎれもなく一番の成功である。

もうね、牙を抜かれたカエル男ってタイトルつけてもいいよ。泳ぎを忘れたカエル男とか、なんでもいいよ。

自虐的に言うFROGMANに、今でも島根で暮らしたいのか聞いてみた。

会社がオッケーなんだったらすぐ帰りますよ（笑）。

帰って、何をしたいのだろうか。

仕事するということよりも、遊ぶことしか考えてないですね。遺跡巡りをやりたいんすよ。自分の心残りもあるし、独身時代や子どもが生まれる前に、もっと島根県内の遺跡やお寺を回ればよかったなーというのが後悔としてあります。考古学者になりたかったから、その欲求を

満たしたいという思いもありますよ。

島根に帰ったら、いや、島根に帰らずとも、やりたいことがあるのだという。

むしろ、小説を書いてわーっとみんなから注目を浴びられたら楽しいなって。村上春樹とか、字書いてるだけであんなにチヤホヤされるんですから。俺、声優もやって、絵も描いて、なのに小説家以下みたいに見られるのは、ちょっと納得いかないですね（笑）。

「しゃべれないだろ。吉田くんできんのかよ」と、勢いが増すところを「まあ、村上春樹は『吉田くん』しませんからね」と隣に座る広報担当が一蹴した。

中国に近い日本海側の方が今後発展して、ひょっとすると島根みたいなところがもう一回ね、起死回生、環日本海地域の中心みたいになりうる可能性もあるなと思ってて。ハリウッドだって一〇〇年前はただのオレンジ畑だったんですよ。それが今や、エンターテインメントの中心地。一旦みんなご破算というか、ゼロに戻る時代がくるんですよ。

東京で一生を過ごすのはもったいない

ＦＲＯＧＭＡＮを知ったのは、取材に行くと決まってからだった。有名なだけあって資料は山ほどあった。映像作品にネットニュースに書籍に新聞記事。資料を読み込み、ＦＲＯＧＭＡＮ像と質問を作り上げ所属する会社ＤＬＥに向かった。取材日は新作映画の公開日から翌々日。家を出る前「あんた、ちょっと！」と母に呼び出されると、リビングのテレビにはお笑い芸人と話すＦＲＯＧＭＡＮが映っていた。新聞広告にはでかでかと映画の記事が登場していた。

広報部の女性に案内され、社内の会議室で待つ。唐突に「よろしくお願いしまーす」と部屋に入って来たＦＲＯＧＭＡＮは、まるでスタジオ入りをする芸能人の様だった。今朝テレビで見た通りの空気感。きっと芸能人の隣に並んでもかすまない。緊張でしどろもどろだったこちらとは対照的で、その返答はスムーズで余裕にあふれ、資料を元に作り上げたＦＲＯＧＭＡＮ像と明らかに違っていた。

恐る恐るそのことについて尋ねると「ああ、あれはプロモーションだから。記事が面白くなって、結果露出が増えるんならそれでいい」と飄々と応える。本ではありのままのＦＲＯＧＭＡＮを書きたい。「挫折の瞬間」「ＦＲＯＧＭＡＮの逆転」。想定していた見出しが一気に崩れ去った。家に帰って取材内容を振り返り、記事の流れを一から作り直した。

風の人プロジェクトの話を聞いた時、埼玉生まれ東京暮らしの私には「地方がどう」という話はあまりピンと来ず、親しみが持てなかった。友達から話を聞いたり、ありがちな地方の呪縛がテーマの物語を読んだりしていたせいで、何となくは分かるけれどそれ以上でも以下でもない。そんな気持ちはＦＲＯＧＭＡＮの話を聞いて変化した。

実写映画を撮るのが夢だったが、島根への移住後それが不可能だったと気付く。それでも東京に帰らなかった理由。取材前の私は、その答えにＦＲＯＧＭＡＮのすべてが詰まっていると思っていた。しかし、返答は至ってシンプルなものだった。「何より島根が楽しかったから」。

確かに地方だからランニングコストが安いとか、島根から作品を発表したら目を引くとか、後付けの理由はいろいろある。でも、帰らなかった一番の理由って言ったら多分それぐらいなんだろうなぁ。当時を思い出すように、「楽しかった」という言葉を何度も何度も使って話していた。豊富なボキャブラリーで、淀みなく流暢に話していたそれまでとは明らかに違った姿は強く印象に残っていて、この人は本当に島根という場所が心から楽しかったんだなーと思った。その姿を見て、それまでは絶対に考えなかった「地方での暮らし」という言葉がほんの一瞬頭をよぎった。

地方に暮らす人たちは、地方で一生を過ごしたり、上京したり、そこからまた地元に帰ったりする。しかし、東京で暮らす人たちはそのほとんどが地方への移住を考えることなく東京で一生を過ごす。それはすごくもったいないことなのかもしれない。

（須藤永里子）

僕はDr.コトーじゃない

07

白石吉彦

しらいし・よしひこ

隠岐広域連合立隠岐島前病院院長。1966年、徳島県生まれ。自治医科大（栃木県）を卒業後、国民健康保険相生診療所（徳島県）などの勤務を経て、1998年、隠岐諸島の島根県西ノ島町にある島前町村組合立島前診療所（現・隠岐島前病院）に着任。2001年から院長を務める。島根県出雲市出身の妻・裕子さんとの間に４人の子どもがいる。2014年、地域医療に貢献した医師に贈られる日本医師会の「赤ひげ大賞」受賞。

僕はDr.コトーじゃない

白石吉彦

赤いオープンカーを乗り回し、休日はヨットで旅に出る。「東京で働いてるやつばかじゃね?って感じ」と話す白石吉彦さんは、本州から六〇キロ、離島にある隠岐《おき》島前《どうぜん》病院の院長だ。地域医療を支える総合医として働き、先進的な取り組みで地域に貢献した医者に贈られる「赤ひげ大賞」を受賞している。しかし、白石さんにとって医者は、旅人になるという夢をかなえるための一手段でしかない。

抑圧された少年時代

「ほら、ここが船室、ここで泊まったりしたよ」「これは速度計」「これは冷蔵庫」。白石さんは港にある自分の名前を冠したヨット『ホワイトストーン号』を案内してくれた。病院の窓からは日本海の青い海とヨットのマストが見える。駐車場には赤いオープンカー。エネルギー問題を考えて選んだ世界最速の電気自動車テスラだ。

夕食はワインにアワビのアヒージョ、サザエの壺焼き、鹿肉、猪肉の鍋。「遠慮なく食べて。多分あと一〇年は食べられないと思うから。どうですか」。自信満々なドヤ顔で質問してくる白石さんに思わず「美味しいです！」と答える。「そうでしょ。多分、有名レストランより絶対美味しいと思うで」。

白石さんが院長を務める隠岐島前病院はへき地医療の最前線として全国から注目される。白石さんがやってきた一九九八年には小さな診療所だったが、二〇〇一年に増改築が行われて現在の隠岐島前病院になり、白石さん自身も日本医師会が地域に密着して人々の健康を支えている医師に贈られる「赤ひげ大賞」に選ばれた。

へき地医療は、大変そうで普通の人には無理っていうイメージがある。そうじゃなくて「誰でもできる、しかも面白くて楽しくて辞められへんよ」って。仕組みや準備をすればできることを証明したい。へき地医療は素晴らしくハッピーなんだよっていうのを伝えていきたい。

大きくハキハキした話し声。威厳すら感じられるその表情は、自信に満ちあふれている。しかし、それは生まれついてのものではない。幼少期はまったく違っていた。そこには、両親の存在が大きく影響していた。

「鬼の白石」

両親かあ、何だろうなあ、ああはなりたくないな、みたいなのかな。本音と建前が違う人で、まあそういう職業だったし、時代も違ったしね、戦後の高度成長期を頑張ってきた、支えてきたっていう時代の人。仕事一生懸命して、共働きだけど、お母さんが家庭を守りながらっていう感じ。そんなに居心地がいいかというと、そうでもないなあ。今はまだ両親共に元気だし、何とも言いようがないけど、死んでも涙もでないやろうなって感じ。

父親は高校の英語教師、母親は高校の数学教師という教育一家で育った白石さん。両親は建前を常に気にしていた。正しくあろうとする両親から厳しく育てられた幼少期。両親のような、大義名分を言う職種には就きたくない。いつからかそう思うようになった。

父親は生活指導の先生で「鬼の白石」って呼ばれていた。それぐらい厳しい人で、当然息子にも厳しかった。「こうでなければならない」という信念があって、僕が反抗しても叩きつぶされた。でもそうなると自我の確立は早くて、抑圧されたことによって僕の内面は熟成してくる。それがエネルギーとなってバーンって飛び出す。そういう意味では、僕の場合は良かったなと。優しい親にふわふわと怒られないでいたら今でも実家暮らしだったかもね。

「鬼の白石」に徹底的に厳しく教育された白石少年。誰も守っていないような「自転車に乗る時はヘルメットをつける」という規則も父親の言い付けで守らなければならなかった。父親に言われるがまま、真面目でおとなしい少年はいじめの対象となった。

基本的にはね、いじめられっ子だった。小、中学校と。誰からも信じてもらえないけど。体が小さかったっていうのもあるけど、自分はどちらかというと「支配されるタイプ」の人間だと思っていた。だから悪いこともできないし、そんな勇気もないし真面目に過ごしていた。クラスの後ろの方でオタクな変なやつらといるタイプで、中心人物ではない感じ。小学校の時は押されて机に頭をぶつけて歯が折れた時もあった。あらゆるいじめに遭っていた。

少年に転機が訪れたのは、高校進学。真面目さが好成績という結果を残し、それは自分への自信となった。中学校時代の同級生のほとんどは近くの公立高校へ行き、少数の成績が優秀な生徒は隣町の高校へ行く。白石少年は後者。高校で自分のことを知っている人はほとんどいなかった。

変わったのは、高校かなやっぱり。いわゆる高校デビューみたいな感じで。僕の成績のピークは多分高校に一番で入学したとき。なんだ俺全然できんじゃんって。

自分に自信をつけはじめた白石少年は、次第に自信満々な白石吉彦へと変わっていく。

いじめられないためには、初めて出会った人に「かます」っていうのが大事だと覚えて。「オラオラ俺はこうじゃ参ったか」みたいな感じで。そうしたら相手は攻めてこない。そういう風にかましていったらいじめられっ子ではなくなっていって、どう考えてもいじめる側じゃないかって感じになった。

高校時代の夢は旅人

「かます」という処世術を使うことで、徐々に立場を変えていった白石少年。そんな彼の高校時代の夢は「旅人」。その夢にもやはり、両親の存在が影響していた。

旅人になりたいと思ったのは、なんでかなあ。やっぱり心の叫びかな。自由を求めて。魂の叫び。家が厳しかったし、極端な話、大学に行くときはどこでもいいから県外に行って親から離れたいって思ってたしね。一回しかない人生を自由に生きたい、楽しく生きたいって思っていた。

しかし、家族から解放されたい、自由に生きたい、その思いなら別に旅人じゃなくても良いのではないか。白石さんの言うように県外の大学に出て、一人暮らしをすれば解決できる。なぜ、あえて「旅人」なのか。

心の中に、「いろんな人と知り合いたい」「いろんな人と話をしたい」「自分が自然に心の持ちようで楽しくなることをしたい」っていう欲求があった。それが例えば異文化であるとか、異人であるとか、触れ合うことで楽しくなると思っていた。だから旅人。

旅人として生きていくには何が必要なのだろうかと考えるようになった。

旅を続けるためには、何かこちらから与えられるものがなければと思っていて。旅って基本的に消費するばっかりなので、お金を貯めて出かけていって、旅先で使って使ってっていうのが普通の旅だから。でもそうなると永久に旅を続けることはできないので、行った先で例えば大道芸だとか、何か自分から提供できるものがあって生活が続けられる。だから別に何でも良かった。

理系だった白石さん。理系と言えば、大学の進学先として一般的にイメージされるのは、理学部や工学部だが、心は動かなかった。

普通理系だとやっぱりバイオとか、試験管振ったりとかネズミに注射したりしてるイメージなので、それはちょっとなんかあんまり僕がしたいことではないなあと思って、それで医者。

大学の進学先を悩んでいた時、たまたま見せてもらった栃木県にある自治医科大学のパンフレット。そこに書かれていたのは、「即戦力の臨床医を育てる」「九年間は義務年限としてへき地で働く」という言葉。義務年限とは卒業後、自分の出身の県で働くという決まりのこと。白石さんは医療の技術を身につける道すじが整っているこの大学に強く心引かれた。

高校生の頭でも医師免許を取ったからって仕事がすぐできるとは思ってなくて、修行時代がいるだろうなって。だから、おい、すっげぇいいじゃん！って。九年間仕事の世話してくれんじゃん！って。しかも、来た患者を科に関係なく診察する総合医みたいなことをするって書いてあって、これは俺のためにつくられた大学じゃねえかって思って。

提出期限は二日後に迫っていた。徳島市内の中央郵便局まで親に連れて行ってもらい、窓口で「間に合いますか？」と聞きながら願書を提出。何とか間に合った。しかし、高校にトップで入学した後は、麻雀や女遊びなどに明け暮れ、受験勉強は遅れ気味という生活。自治医大の一次試験がギリギリで、二次の筆記試験はまったくできなかった。

落ちるつもり満々だったけど、面接で、自分の将来の夢が総合医であることや、「知ったの

がすごく遅かったので、十分勉強ができなかった。だから今回は落ちると思う。だけど、来年必ず帰って来るから待っていてください」って言った。そしたらなぜか合格したので、ラッキーみたいな。

持ち前の巧みな話術のかいあって自治医大に合格。学生時代はアルバイトをしながら、ロードバイク、ソーシャルダンス部に入るなど充実した生活を送った。しかしいつからか、その大学生活に違和感を持つようになった。

大学では何でも学べた。総合医であろうが、小児科、産婦人科、整形外科。栃木の元農業試験場のすごく広いところで、寮があって、運動場があって、病院があって、看護学校があって。学校行って寮に帰る、そんな毎日。大学ってもっと多様なイメージだったけど、全然違くて。だいたい彼女もそこの学生と付き合って内部消化がほとんど。もちろん変なやつとかいて、すごく面白かったけど、ちょっと違和感というか、このまま卒業してしまうのはなあって。

場所は広いが人間関係が狭い範囲で完結してしまう毎日。心は満たされなかった。医者になる前に、もっと幅を広げたい。目を付けたのが、中国への留学だった。大学五年生の春から一年間、中国に渡り、瀋陽市にある国立の中国医科大学に自費留学をした。なぜ中国なのか。

クローズドな世界からドロップアウトしたかった

行く先は別にどこでもよかった。クローズドな世界からドロップアウトしたかっただけで。だけど、理屈がないと休学させてもらえないので、どうやったら休学させてもらえるかを考えた。三冊くらい漢方の本を読んで、西洋医学で治せないことがあるが、残念ながら当時自治医大では漢方の講義はなかった。本当はたいして漢方に興味ないんやけど「僕はそこをしっかりやりたい」と。

ない理由は作り出すまで。ギリギリで許可をもらい、日本を飛び出した。中国では、世界の三〇カ国から六〇人の医者の卵が暮らす留学生寮に入って、針灸や漢方を学んだ。

アメリカ人とかイギリス人とかおらんからね、東南アジアとかアフリカ、医学が十分でない国の学生ばかり。しかもトップエリートのやつはアメリカとかイギリスに留学するから、二番手のちょっと面白いやつが集まっている。すごく面白くて。

留学した一九八九年は天安門事件が起きた年。デモに参加して「消えた」知り合いもいた。中国での留学を経て、西洋医学のトップであるアメリカも見た上で、自分がどんな医者になりたいか考えたいと思うようになっていった。

全国の自治医大の先輩の診療所を訪ねる機会があって、「何科の医者ですか」って質問したときに、「地域医療です」って答える人がほぼ皆無だった。「外科だけど」って言われて「え、今、外科してねえじゃんおっさん、一〇年前大学におった時の話やろ、今ここでずっと診療してるんやないんかい」って。そういうふうに建前を気にして、今やっていることを堂々と言わない違和感というか、青臭い学生にはね、こんな大人にはなりたくないなあと。

地域医療をしているのに、地域医療とは答えない。外科と答える方が医療の世界では通りがいいからだ。子ども時代から感じていた、建前を大事にする両親への反発も重なり、今やってることを胸を張って言いたいという思いが膨らんでいく。ちょうど出合ったのが、アメリカ人教授の講義。内容は総合診療を行うファミリーフィジシャン（総合医療医）の話だった。

仕方なく、階段教室の一番後ろで寝るぞみたいな感じで行ったら割と面白かった。英語なんで半分くらいしか聞き取れなかったけど。で、授業終わりの階段を降りたところで話しかけた。「ファミリーフィジシャンという職業の人がどういう生活をしているのか見えなかった。春休みになるので、行くからよろしく」って言ったら、「ウェルカム」みたいな感じになって。

実際にどういう生活をしているのか。何時に起きて何時に病院に行って、どういう仕事をしているのか。教授に手紙で働いている人を紹介してほしいと頼み、五週間、街の開業医や地域でのグループ診療などさまざまなタイプのファミリーフィジシャンに出会った。

「専門は何ですか」って聞くと「総合医」。「内科とは違うんですか」って聞くと、「いやいや総合医」って。子どもから大人まで年齢問わず、性別問わず、高血圧、糖尿病、風邪、膝が痛いとか、よくある問題に対応する。これはいいな、俺はこれになろう、と思って。

日本では、内科、外科など診療科が細分化されているのが一般的だけに、新鮮に映った。プライベートの充実はもちろんのこと、自分の仕事に自信を持って「総合医」と言うアメリカの医師たち。建前を嫌う白石さんにとって本音で勝負しているこの仕事は、とても魅力的だった。六年生になって、ようやく目指す医師の姿を見つけることができた。

海がいい！で隠岐(笑)

大学を卒業し、いよいよ九年間の義務年限を果たす事になった。付き合っていた同じ自治医大出身の裕子さん（現在の奥さん）は島根県出身。自分は徳島県で、二人別々に九年間を過ごすと操を立てる自信がない。だけど、この人と将来一緒に人生を過ごしたい。現在は夫婦一緒に義務年限を数える形は定着したが、当時はあまり例がなかった。そのため自治医大と徳島県・島根県と交渉し、徳島県と島根県で、二人一緒に義務年限を行う許可を得た。

徳島の義務年限を二人で過ごした後、彼女の義務年限を果たすことになって、「島根は山も海もあるけど、どうですか?」って言われた。徳島にいるときは、半ば自分たちで望んでなんだけど、別居をしていたので、島根ではいつまでも別々にいたら何のために結婚したのか分からんし、第一優先として一緒に住みたいと、で、第二優先としては徳島で山に行ったので、海に行きたいと、で、来たのがここ(笑)。

そういってやってきたのが人口約三〇〇〇人、本土からフェリーでおよそ三時間。紺碧の日本海に浮かぶ隠岐・西ノ島町である。隠岐は四つの島からなり、その位置によって島前と島後に分けられる。西ノ島町は、より人口が少なく、交通手段も不便な島前地域にある。

自治医大の卒業生が行く場所がいくつかあるけど、まあ一番不人気な場所。島後に比べてこっちには飛行機もないし。しかも仕事がね、年に一〇例くらい手術があるかなっていう外科、平均すると日に五~六人くらいしか子どもを診ない小児科、それ以外全部僕。すごい大変。でも僕は何でもやれる総合医になりたかったのでハッピーだったけど、普通の人はそうではないので。「つらいけど一年頑張ってきてくれよ」と言われて来たのが一七年前。

今でこそ、ベッド数四四床、総合医六人の地域の拠点病院となっているが、当時はベッド数一九床、メンバーは院長、外科医、小児科医、白石さんの計四人。総合医は白石さんしかいないため、一人で妊婦の対応や内科の診察など、ほとんどのことを行っていた。近くに総合病院があった徳島の診療所時代とは、大きく違っていた。

徳島で妊婦の診療をしたかっていうと二年間でゼロよね。車で三〇分走ったら総合病院があるので、耳鼻科も眼科もほとんど診ないし、皮膚科ぐらいはちょこちょこ来たけどみたいな感じで、一生懸命研修したのにあんまり役に立ってないな、って思ったけど、ここに来たら、あるある。全部ある。「俺はここで仕事をするために総合医になったんだ」みたいな感じで。

当時、八カ月だった長男を、病院のスタッフや地域の住民が子守りしてくれることもあった。人もいいし、食べ物もおいしい。とりあえずは一年と言われて来てみたが、もう少しここにいたいという感情が芽生えた。

病院の人事をする人に一年って言われたけど、「もうちょっといたいんだけどどうかな」と言ったら、「どうぞどうぞ。行くやつはおらんから、好きなだけおっていいから」と。で、一七年になります。

オープンマインド

島根に来た当初かあ、相当カルチャーショックというか、島根に来ていろんな会議があるじゃん。出て行くじゃん。ばんばん言うわけよ、思いを。「現場はこうですよ」みたいな。そのときにみんなね、どん引きなんよね。県のお偉いさんたちも、最初はね、僕らのことを嫌いで嫌いでたまらなかったと思うのよ。もうこいつ来たら何言うんやみたいな感じで。島根のためを思って言っていることなのに。そこが理解されるまで五年くらいかかった。

島根県は「予定調和の県」。そう話す白石さん。会議の時には思っていることがあっても誰も何も言わない。根回しをしてみんなが嫌な思いをしないようにするという文化が深く残っているのである。その文化を感じたのは会議の時だけではない。

彼女のお父さんとお母さんとか、結婚して数年は、何なんあいつみたいな。目さえ合わせなかったからね。話が通じない、無礼極まりない、みたいな感じで。でもいつしか、ああこいつは日本語をしゃべっているけど、日本人じゃないなと思ったらしくて。そうするともめなくて済む。お互いに。それくらい文化が違う。僕は徳島出身だからオープンマインドな感じ。彼女の実家の人たちはすごいきちんとした、古来の日本の文化っていうのをすごく守っている家。

五年かけて県の人たちとは分かり合えるようになった。しかし、医師に地域医療が敬遠される理由は、すでに出来上がっているコミュニティへ新たに入って行かなければならない難しさにもある。ただでさえ、よそものへの視線は冷たい。さらに人口が少なく、何をしてもすぐに噂が広まる社会。そんな場所で生活することは、神経をすり減らす。白石さんは小さな島の中で堂々と赤いオープンカーを乗り回す。プライベートがばれてしまわないわけがない。

ばれる、ばれる。「白石先生がランボルギーニを買ったらしい」って噂が流れたりとか。この島で車に乗ってると、「お前はあいさつせん」って最初怒られて、「車ですれ違う時にあいさつするなんて、普通せんやろ」って思った。でもここでは車があんまり通らないので、対向すると車の中から、誰が乗っているのか認識しようと運転手の顔を見る習慣がある。だから派手な車やから目立つわけではなくて、ほぼ全員みんな「黒の車やったら誰かか誰やな」みたいな感じで分かる。歩いてくる人はほぼみんな知り合いなわけだから、あいさつすべき人かそうでない人か、認識するのがもう習慣になっている。そういうことを大事にしているのが地方のいいところであったりする。オープンマインドになれない人は、田舎暮らしはきついかもしれない。まあ僕は、自分をよりよく見せたいとか偉くなりたいとかはほぼないので、自然体で自分の生きたいようにと思っているので、ばれても大丈夫。

自身の名前がついたヨットに赤いオープンカー。自身のプライベートがばれることは何の問

題もないと言い切る白石さん。その表情はどこか割り切った様子だ。

あと僕は、住民としてよりも、医師として入っているから。住民として入ると、かえってやりにくかったりする。だからよそもの感はあんまり感じなかった。住民と距離がある方がやりやすいこともある。隠岐はもともと漁師町。外から人が来るのが当たり前。そういう割とオープンマインドな文化が今でもある。外から来てくれる人は基本的にウェルカム。松江、出雲のような山間民族だと、外から来る人は敵だから。

外から来た人にも、出て行く人にも同じように接する隠岐の風土が好都合だった。

東京で働いてるやつばかじゃね!?

白石さんと裕子さんが二人で台所に立ちご飯を作る。自らが釣った魚や採ってきた貝で作られた豪華な料理が食卓に並ぶ。職場から自宅までは三〇秒。家に帰ってから支度をしてもたいした時間にはならない。

冷蔵庫には生ハムのかたまり、アワビ、サザエ…。一〇〇万相当のものが入っている。しか

もみんな原価〇円。仕事前にひと潜りして採ってきた魚とかと物々交換だから。仕事から帰ってきてこんなうまいもんが食べれるか!?そういう生活が東京でできますかいう話やねん。

たまたま行った隠岐がとても良い場所だった、と白石さんは言う。しかし隠岐諸島へは本土からフェリーで約三時間。波が荒れればフェリーは欠航。閉じ込められる。そう簡単に島を出られない環境に不満を感じることはないのであろうか。

いやいや、不満とかそういうのじゃないねん。「東京で働いてるやつばかじゃね?」って感じなんよ。満員電車に毎日揺られて。よくそんな生活してられるな、みたいな。ここにいるとミュージカルを見に行くとか、高島屋で買い物することとかはあきらめてるって思うやろ。ウエストサイドストーリーが四八年ぶりに渋谷のヒカリエにきた時に見た?俺ら家族見てるもん。参ったかこりゃ。みたいな。

一般的な地域医療の現場では、地域にいるのは一人の総合医のみ。休日が取れずまた任地先からなかなか出ることもできない。学会などにも出席できないため、スキルアップの機会がなかなかない。そしてストレス、孤独感がたまる。これが地域医療が敬遠される原因である。

休日?ヨットに乗って魚釣ったりとか、潜って貝採ったりとか、自転車で走りにいったりとか。最近はしてないけど、昔は友人を島に呼んでバーベキューとかしていた。

隠岐島前病院が院長不在でも成り立つのは、「総合医の複数制」という仕組みをつくったから。白石さんの病院は、同じ島の浦郷《うらごう》診療所、隣島の知夫《ちぶ》診療所と連携し医師の勤務をローテーションすることで、離島勤務の孤独感やストレスから守るとともに、地域全体を複数の医師でカバーできるよう努めている。

僕はDr.コトーではない。チーム島前病院の一員だから。

離島で一人診療をする医師の物語『Dr.コトー診療所』の主人公は、手術道具も十分にそろわない状況で、難手術をこなす天才だ。だが、白石さんは難しい患者がくればヘリコプターで本土に送る。コトーのように地域を一人で診ていては患者の安全を担保することはできないし、医師が休日を満喫することはできない。総合医の複数制をとり、他の地域の医療機関と連携することにより、自由な時間ができ、東京へ行く、学会に出席する、時間を趣味に費やす、というようなことができるのである。

地域は世界とつながっている

東京にいるから良い生活ができるわけではない。ソーシャルメディアが発達した情報化時代で大切なことは、自分が何をしたいかを理解し、自分が必要な情報を手に入れ、必要な人とつながることだ。だから白石さんも島に来る人を通してさまざまな人とつながっている。

地域は世界とつながっているんだよ。ヨットに乗って日本沿岸を一周していて島があったら行ってみたいって思うじゃん。だからカナダ人が来たり、世界三周目のオーストラリア人が来たりということがよくある。

白石さんは島前にたどり着く旅人の世話をする。島にはコインランドリーがない。ヨット乗りが困る洗濯や風呂などを提供することは、住む人にとってたいしたことではない。

何が困るか分かっているし、僕も旅に出た時にそういうことをしてもらったので、洗濯などしてあげつついろんな人と関わって、いろんな世界の話が聞ける。東京のマンション暮らしをしていたら出会えないような人に出会える。それがこのスットンキョウな島の良いところ。日本の一番端っこは、いろんなところとつながっている。

白石さんの自宅には三メートルほどの無垢《むく》材の大きな机がある。ある時に来た友人が「お前のところは客が多いのにこの机は狭い」と言って贈ってくれた物だ。大切なものは「つながり」。この机は世界各国のヨット乗り、地域医療関係者の「つながり」の場になる。

旅人であり続ける意味

総合医の複数制という仕組みをつくり、地域医療の世界で隠岐島前病院は成功事例として注目されている。見知らぬまちでこのような仕組みをつくることは大変ではなかったのか。

何か新しい取り組みをする時に、旅人であり続けるっていうか、よそものであり続ける意味がある。ただ、(奥さんの)お父さんとお母さんとの関係もそうだし、県のお偉いさんとの関係もそう。やっぱり五年はかかる。こいつは別に私利私欲を言っているわけではないし、理解はできないけどこいつなりに考えがあるんだなってことが理解されるまでにはね。それが二年とか三年だと、変なやつ来たな、で終わってしまう。

白石さんの言葉に、隠岐に来て一七年の重みが感じられた。新しい取り組みを行う時、新しい風を吹かせる時、理解してもらうのには時間がかかる。だからといって、その場所に染まってしまうと、そこにない「仕組み」をもたらすことはできない。そこに「長い年月居てもその場所に染まらないこと」の意味がある。流されず染まらず、あくまで外からの視点で見ていく。それこそが旅人であり続ける意味なのだ。旅人は地域に人を呼び込む役割も果たす。

今はここで伝えたいことを発信していくのが楽しい。東京からの実習生がたくさん訪ねてきたり、月に何件もの講演の依頼がきたりする。だってこないだの学会でやった発表は「なぜ、隠岐島前病院には人が来るのか!!」だったからね。そんな学会の発表ある？うちのウェブサイトだって患者のためじゃ一切ないから。看護師募集のためだけに作っているから。地域医療に興味を持っている人はたくさんいる。だけど、どんな生活しているのかがわからない。行くきっかけがない。だからそういう学生のためにウェブサイトを作った。

ウェブサイトには島の生活・暮らしというコーナーがあり、病院での仕事内容や、釣った魚を得意げに見せる白石さんの写真が掲載されている。看護師がつづるブログには、島のレストランの紹介や町で行われるお祭りなど、島での暮らしが書かれている。島のウェ

ブサイトより島前病院の方が島について詳しい情報が載っていると評判だ。フェイスブックでも積極的に発信。興味を持ってくれた学生が島にやってくる。学生が「来てよかったな」と思えば、口コミが広がる。学生の後輩が来る。口コミの連鎖で人が集まっている。

来年の自分はもっとすごい

ここは縁もゆかりもないところだし、引き際は考えるよね。うちの親はまだ元気だけど、将来どうするんだろうってことが当然出てきて。その次が自分の死に方をどうするか。

地域医療を続ける上で重要なことは三つだという。一つ目はパートナー、二つ目は子どもの教育環境、そして三つ目は親の介護の問題である。隠岐島前病院で共に医師をしている裕子さんの存在がなければ、この島で一七年間も暮らすことはできなかった。だが、親の介護はここではできない。今すぐではないが出て行くことは考えている。

次に行きたいところとか、まあ住んだら面白そうなところはあるけど、今もし行きたかったらとっくに行っている。今はここにいて、去年の自分と今年の自分は違う。来年の自分はもっとすごい。それだけじゃなくて、去年の病院と今年の病院は違う。来年うちの病院はもっと進

化している。

病院の合い言葉は「チェンジ」。すなわち、「変わり続けることを恐れないこと」だという白石さん。これまでも、医療体制や情報発信の方法などを絶えず進化させてきた。

患者のために少しでも良くなるために変わり続ける。だから決まったことなんて一つもない。朝令暮改。朝令暮改のために毎朝朝礼をしているって感じ。変わっていくのを実感するのが面白い。ここにいるのが面白いからいる。ここに魅力がなくなって、もっと他に面白いことがあれば、迷わず出て行く。ここに僕を引き止める何かはない。

旅人にはなれましたか、という問いかけに白石さんはこう答えた。

なれたって感じがする。やっぱり旅人は何か特殊なことがないといけないよね。地域の人たちが持っていない何かを運んでくる。旅人が触媒になって地域の文化が変わるとか、そういうことに意義がある。

だからあんまりどこに住んでいるとかは関係なくて、どこに住んでいてもそうなっていたと思う。たまたま今ここにいるだけですよ。しかもそういうことを一七年前に考えていたかというと全然そんなことなくてね。目の前のことを一生懸命切り拓いていったというか、愚直に続けていたらこうなっていましたって感じ。

「どこにいるとか関係ない」。自信を持ってそう話す白石さん。その考えこそが「旅人」であり、白石さんの生き方そのものである。大事なことは「与えられる何かを持つ」ということ。それがあればどこへだって行ける。

白石吉彦に憧れずにはいられなかった

「最悪だ」。本のプロジェクトが始まったときに私が思ったことでした。「取材」ということに全く興味がなく、ほんとにやる気がありませんでした。取材先の西ノ島に向かうフェリーは一瞬にして船酔い。到着するまでの四時間揺れ続けて、本当に最悪でした。やっとの思いで島に到着。「何もな!!」。到着してすぐ、あまりの殺風景さにそう叫んでしまいました。人もあまり通らず、車も通らない。

港から少し歩いた先にあるのが隠岐島前病院。今回の取材相手の白石吉彦さんが院長を務める病院がそこにありました。「うわーなんか恐そうな人来たー」これが白石さんに対する第一印象でした。取材で、これは白石さんが初対面で馬鹿にされないために「かます」処世術（詳しくは本編を参照ください）だということが分かるのですが、ものすごい威圧感を放っていました。

しかし、白石さんに対するその認識は白石さんの家で夕食をごちそうになっているときに大きく覆りました。家に帰るなりせっせと夕食の準備を始める白石さんと裕子さん。ごちそうを説明しつつ言ったのは「こんな料理が東京で食べれますか！！！」「こんな生活が東京でできますか！！！」ということ。

その言葉を聞いたとき「ああ、この人は本心でそう思って言っているんだ。今の生活に間違いなく満足していて、自分の過ごしたいように生きている。だからこそ自分に絶対の自信がある。日中の威圧感のように感じた話し方も空気も、白石さんの〝自信〟がにじみ出ているんだ」と、すーーーっと私の体に風が吹き抜けるように白石さんの自信たっぷりなドヤ感を理解できたように感じました。

この人には自信がある。それが分かってから急にこの人のことをもっと知りたいと思うようになりました。厳しかった両親の存在に加え、幼少期にはいじめの経験、そこから変わっていく高校時代。当たり前かもしれませんが、全ての経験が今の白石さんにつながっていて、与えられた試練、チャンスを失敗や成功などを含め、全て自分のものにしてきたんだと、だからこそこの人には自信があるんだと。そう思った時、「ああ、この人カッコいいな」と心の底からそう思いました。

私はもともと東京生まれ東京育ち（といっても都心ではありませんが）。取材に行く前「地方」とか「地域」とかそういう言葉にこれっぽっちも興味がありませんでしたし、東京で暮らすことは当然だと思っていました。その思いは島根県に取材に行った今でも変わりません。確かに白石吉彦という人物に心引かれ、憧れましたが、だからといって島に住みたいとも、医療をやりたいとも全く思っていません。私が憧れたのは、白石さんが全てにおいて本音で勝負しているところ。そこからくる絶対の自信。私もそういう人でありたいと、心からそう思いました。

人にはさまざまなストーリーがあり、生き方がある。だから人は面白い。「取材」ということに全く興味のなかった私ですが、そんな人を知るための取材は、とても面白いと思いました。

（櫻本静香）

08

人を生かし、生かされる

尾野寛明

おの・ひろあき

有限会社エコカレッジ社長。1982年、埼玉県生まれ。一橋大学大学院商学研究科博士課程修了。一橋大在学中にインターネット古書店エコカレッジを創業し、2006年に本社を島根県川本町に移転。古本屋経営の傍ら、NPO法人てごねっと石見（島根県江津市）やNPO法人おっちラボ（島根県雲南市）の副理事長を務め、雲南市の「幸雲南塾」をはじめとした全国12カ所で地域づくりの「実践塾」も運営している。

人を生かし、生かされる

尾野寛明

過疎のまちの元ミシン工場に一五万冊の蔵書を揃える古本屋の社長。若き社会起業家として、雑誌AERAによる「日本を立て直す100人」に選ばれた尾野寛明さんには、もう一つの顔がある。同じ場所には三日といない。会社がある島根と、自宅がある東京の二地域を拠点にしながら、神出鬼没に全国を歩き、より能力が発揮できる地域へと人を連れていく「人さらい」なのだ。島根の「風の人」をつないだ影のプロデューサーでもある。

同じまちにいると頭が痛い

「よろしくお願いしま〜す」。かかとをつぶしたスニーカーをはき、尾野さんが現れた。山深い島根県雲南《うんなん》市木次《きすき》町、棚田の中にある元ミシン工場。がらがらだった七百坪のスペースを、ネット通販古書店「エコカレッジ」の書庫として、借りたのだ。一九歳で起業した「エコカレッジ」は、過疎地の格安の家賃に目をつけたユニークなビジネスモデル。障害者を雇用し、古

書を島根県内の飲食店や商店スペースに供給し、商店街の再生や図書の普及にも生かす。

職業？古本屋（笑）。古本屋の社長ですってのがネタなくらい。三日間も同じまちにいると、だんだん頭が痛くなってくるんだよ。火曜が尾道、水曜が広島、木曜が隠岐、金曜日が雲南、この後は岡山に行く。毎日違う場所にいる。

うれしそうに手帳をめくる。エコカレッジだけでなく、島根や被災地のＮＰＯ法人の理事を務め、全国の地域づくり人材を育成する塾も開く尾野さんの起業家精神の源泉は、父の死だ。受験生活を送っていた高三の春。父親ががんで余命半年ということがわかった。大手商社の部長職で役員が目前だった。体の不調に気付かないほど、忙しく働いていた。あまり話した記憶がなかった。

もったいないよねって。ずっと働き詰めで。必死に働いても報われる保証はない。組織ってこうなんだなと。自分は組織に頼らず、大学を卒業したら、起業か何かで一人で生きてけるようになろう。新しい生き方をしてやるぞって。

意地の起業

現役で合格した一橋大学では、起業に必要な経営やマーケティングを専門的に学びながら、身近な教科書に目を付けた。入学後、買わなくてはならない教科書の値段の高さに驚いた。試しに先輩たちから教科書を安い値段で譲ってもらい、転売してみることにした。

教科書が高い！何とかしなくちゃと思い、学生が使わなくなった教科書を融通し合えるような仕組みができればいいなあと。キャンパスにワゴン車を乗りつけて、教科書買い取るとビラを撒いたら、ものすごい量が集まって。その場で即売会。二時間で一〇万円。だけど、大学の警備員に見つかって、先生からこっぴどく叱られたなあ。

起業家型リーダーを育てると掲げていたＮＰＯ法人・ＥＴＩＣ．の交流会に参加し、社会起業家コンテスト「ＳＴＹＬＥ２００２」を知ったことで、社会起業という生き方に出合う。新しい生き方を目指していた自分にぴったり。応募を決意した。都内の大学でゲリラ的に古書売買を続けてはいたものの、ビジネスモデル化の道筋が見えなかった。睡眠時間を削って、大学の仲間やＥＴＩＣ．で出会った人たちと議論する日々。生まれて初めて、コンプレックスのような感情が芽生えた。

こんなに頭のいいやつがいるんだ。上には上がいる。はるか上というか、すげーかなわないなって。議論についていけないし、言っていることが理解できないし。ショックだった。当時は凹んで、見栄っ張りだったし、ホント悔しくて。

その一人が、大学の同級生、長嶺由衣子さんだ。同じサークルに所属していたこともあり、一緒にいる時間が長かった。議論し、論破されては「すいません」と謝っていた。自分とは比べものにならないほど、頭が切れる人たちの存在。自分の至らなさにイライラが募る。もがきながら、その中で、見えてきたことがある。

ハタチそこそこの学生で経験もなかったし、できないことだらけだったけど、まずは行動するしかないんだなってところにつながった。頭の良さで勝てないなら、行動するしかない。それに、自分がこれをやっているぞというのをつくらなきゃ、相手にしてもらえないんだなと。

ブックオフでインターンの経験をして、古本ビジネスを勉強した。Ｙａｈｏｏ！オークションが注目されだし、アマゾンが日本の書籍売買のシェアを大きく広げていた中で、価値の下がりにくい専門書の古書のネット売買に目を付け、ビジネスプランにまとめあげてコンテストに応募。優秀賞を受賞したことがエコカレッジの設立につながった。

最初はきつかった。すごい努力した。ビジネスモデルも確立していない中で、よくやったなあ。なんか、人の死を経験すると、取り憑かれたように頑張れる時ってある気がするんです。今同じことをもう一度やれっていわれたら、多分、できない。

一九歳。意地の起業だった。

つぶされる、海外逃亡

受賞したことで、注目されるようになり、大手企業・NECの創業塾に声をかけられて参加した。資金援助に加え、約半年間に及ぶ合宿やコーチングで実践的なノウハウが得られ、経営課題にも取り組めるという触れ込みだったが、途中で抜ける。

ここにいたらつぶされるという危機感かな。代表とかはもちろん素晴らしいレベルだけど、

付き合ってられないなと。ちょっとしたアイデアをビジネスプランに仕立て上げられ、一方で、やる気があるのか、と詰められる。偉そうになんだよって、腹が立って。ただ、応援資金の六〇万円、返さないといけないこと忘れてて、返済をちょっと待ってもらったけど。

とはいえ、これまでの注目や期待を裏切ることにもなる。かなり勇気が必要だった。「何も考えてなかったのかもね」と振り返るが、一度、ＥＴＩＣ．の周辺から消えた。

さらに、苦労してつくった会社を放り出し、六カ月間のインターンという名目で休学し、突然インドに旅立ってしまう。会社のことは、一緒に取り組んでいた学生仲間に任せた。商売のことに頭を使いすぎて嫌になってきたころでもあった。

「俺ちょっと海外に逃亡します」と告げて。勝手だよね。一度は海外で働きたいって思いもあったしね。当時はめんどくさくなると、逃げちゃう感じ。よく逃げたな。怖かったけどね、最初は。でも、押しつけたら押しつけたで、何か生まれてくる。何とかなるもんだともね。

申し訳ないという気持ちはあったし、無責任だとずいぶん非難され、傷ついた。でも、結果的に自分がいなくても、残った人たちで会社が回るようになっていった。

山の中に古本屋

インドから帰国後、復学と同時に関満博ゼミに参加した。卒業論文がなく、楽だろうという理由で選んだが、「セキマン」の愛称で知られる関さんのモットーは現場主義。地域の発展や地域産業、中小企業をテーマにしていた調査を手伝うため、全国を回ることになった。

ゼミなんか出る気はなかったけど、ふたを開けてみると「何か面白い」って。まさか地域活性化なんかに自分が参加するとは夢にも思っていなかった。でもまあ、昔出会った仲間、ETIC．などを通して出会った仲間なんかが、地域活性化でいろいろ動いていたしね。

島根県川本町はゼミの調査で訪れた。人口四〇〇〇人に満たない、山あいの過疎の町。唯一残っていた本屋「紙屋」が閉店してしまい、まちおこしのためにも本屋の復活という課題を抱えていた。父親の出身地である島根県という土地には、なんとなく縁を感じてもいた。

ふと、古本屋を経営していると口走ったら、関係者が「あー」と、何かひらめいたといわんばかりになって。ぜひ川本町でもやってくれってことになってしまい…まあ、その本屋を復活させたい、という気持ちも芽生えちゃって。

ちょうど在庫が圧迫して困っている状況もあった。東京での家賃は一〇坪一〇万円。それが川本では一〇〇坪一万円。専門書は大きくて場所も取るし、回転率も悪い。保管コストに悩んでいたが、その解決にもつながるとピンときた。現場主義がビジネスのブレイクスルーを生んだ。わずか二カ月で、東京にあった古本の在庫を全て「紙屋」の跡地に移し、本社とした。本屋が復活し、地域の人が喜んでくれた。エコカレッジも、固定費が圧倒的に下がったことで業績が良くなり、売り上げが五倍になった。

人には合った場所がある、もっと働ける場所があるんだなと。それに「東京で埋もれるくらいだったら地方で叫んだ方が目立つ」って言ってる仲間がいて。東京で中小企業の社長をやるんだったら過疎などの最前線で仕事をした方がいいと感じたんだよね。そうだなあ、例えて言うと、都会の二軍でも、地方では即一軍になるっていうかね。

田舎あるあると海士ワゴン

地域に関わることの面白さを感じながら、大学と連携して、島根県の出雲市などで中小企業支援などにも取り組み始めていたころ、つまづくことになる。「暗黒の歴史だけど」と、滑らかだった口が少し重くなった。

一時期動き回ったんだけど、大失敗した。向こうは俺らに何をさせたらいいのかわかんないけど、とりあえず受け入れちゃう。それだとやっぱり失敗するよね。でも陰口しか言わない。田舎あるある。ホントやな思いしたし。まあ、何年も悪口言われるし、傷つくよね。でも、あんまり、詳しい話はしないな。自分自身だけの恥にしておく、ということで。

地域というのは、簡単には逃げることができないという難しさを肌で感じた。

自分の可能性を追求して、四つとか五つとか、地域に入り込んで、自分に合いそうなところを探す。そういうのでも良いんじゃないかなと。専門性を持った人が都市にたくさんいる。その専門性を生かせるチャンスが田舎というか現場にある。もっと都市部の人間もいろんな経験した方がいいよね、と思ったかなあ。

もっと気軽に都会の若者が地方を行き来する世の中がつくれたらいいという思いが芽生えた。しかし、そういう仕組みは探しても見当たらない。そこで、関ゼミの調査で訪れた離島の島根県海士町で「海士ワゴン」というプロジェクトを発案した。「ラブワゴン」と呼ばれる車に乗って、外国を旅する中で繰り広げられる恋愛模様を追う番組「あいのり」が流行していた。

海士の人から、ちょうど都市部と地方との「交流事業」をやりたいというニーズを聞いて、バスツアーやったらおもしれーだろうなと思って。そしたら、海士とラブワゴンを組み合わせて「海士ワゴン」だと思い付いた。修士論文の執筆も兼ねてね。

準備は自分自身が大型免許を取るのも含めて約一カ月。都会で活躍する若手の講師とサポートする学生、社会人を集め、海士の中学生に出前授業をするというプロジェクト。東京からバスで八〇〇キロ近く離れた島根県まで移動し、さらにフェリーに乗るという一日がかりのハードな移動日程。それでも、意欲の高い若者が集まり、盛り上がった。

面白くてね。もっと多くの地域を見ようということで一カ月間かけて活性化に取り組むところにバスを走らせ、地域と都会を結びつけるプロジェクトも始めたんだ。海士ワゴンでの経験が生きていたのも良かった。一回目を走らせた時はすごく感動したなあ。

二カ月弱の短い期間で、学生を中心に企画・準備したこのプロジェクトを成功させた。こうして、地方とのネットワークを築きながら感じたことは、都市の事情と、地方の事情とが両方分かるという、自分の強みだ。

田舎にいるとさ、不文律みたいのあるじゃない。これはやってはいけないとか、地元の人がこう反応したら拒絶反応だとか。よそから来ると分からず、空気を読めない行動して、知らぬ間に怒らせてしまってることが結構ある。自分はそれをよそものに伝える役。逆に田舎はPRベタなところがある。都市の人に突き刺さるメッセージに、自分が翻訳して発信する。

海士ワゴンの仕組みは、逃げることができない地域に深入りしなくて済むのも好都合だった。

人さらいの面白さ

海士ワゴンには、もう一つ狙いがあった。海士町の吉元操課長から「地元の隠岐島前高校が一クラスまで生徒が減り、このままではなくなってしまう。何かアイデアはないだろうか」と相談を持ちかけられていた。その課題解決につながる人材を探していた。

バスツアーのゲストを毎回連れてくるっていうところで、自分が東京で知っている各方面のとがった取組みをしているそうそうたる社会起業家を呼ぼうと。自分には政策提言をするような頭はないので、まず彼らにどうすれば良いかを考えてもらう役回りにしようと。

都会と地方のマッチング、もっと言えば、人が能力を発揮することができる地域課題の現場に連れてきて、解決につなげる「人さらい」という役割に自覚的になっていた。

で、高校再生っていう吉元さんの思いも聞いたとき、その瞬間に、あっ、これあいつしかおらん。とりあえずあいつを連れてこないとっていう人が浮かんで。

それが、岩本悠さんだった。東京でＥＴＩＣ．の勉強会に顔を出していたころから意気投合していた。岩本さんに東京都で初めて民間人校長が誕生した杉並区の和田中学校へ連れて行かれ、一緒に学校づくりのプロジェクトをしていた。三年くらい会っていなかったが、適任だとひらめいた。出前授業の講師を依頼する形で、海士ワゴンに参加してもらった。

初日の夜、今でも覚えてるなぁ。町長を囲んでの海鮮バーベキュー。授業がホントに楽しくて、町長が開口一番に立ちあがって「元気ですか～」。あんなにはしゃぐ町長をみたことがない。その時点で悠くんのことは、大好きになっていたと思う。

実は、授業を行った学校の先生たちの反応は、さっぱりだった。それでも、町長をはじめ教育委員会や役場関係者は喜んでいた。この場で何かが生まれるという確信があった。

そういう瞬間が、大好き。「人と人とがつながっちゃった、ここ〜!」って。最後のまとめを参加者とスタッフとみんなでやってるときに悠くんが「I shall return」って。何気なく言ったんだと思うけど、この島に帰ってくることになるという予感がしたね。

とはいえ、さすがに、岩本さんがそのまま移住して、その後に隠岐島前高校の魅力化プロジェクトを立ち上げて、生徒やクラスを増やすまで成果を挙げることになるとは、想像を超えていた。

まさか思わなかったよね。でもね、そのときソニーに入って、悶々《もんもん》としていると思っていたから、もしかしたらと。途上国に行った時、やっぱり一人の日本人として現場でできることって、限られてるんだよね。海外で限界を感じた人は地方に来るのは結構あるような気がして。悠くんならここで力をもっと生かせると。

海士ワゴンは、その後、二年間で一〇回続け、地域づくりに取り組むスタジオLの西上ありささんが海士に関わるきっかけをつくったり、岩本さんとともに高校魅力化プロジェクトに取り組む人を連れてきたりと、たくさんの出会いを生んだが、ツアー事業にはどうしても体力が必要で、無理を重ねたことから、体を壊した。借金も抱えた。

結局、ツアーを手掛けるのは若い時の一時期しかできないなと。都市との交流とか、人と人との出会いをつなげるっていうようなところは基本的なモデルにして、自分自身が身を滅ぼさないモデルにしようと。

そんなときに、川本町の隣にある江津市の公務員で、以前から知っていた中川哉さんから、相談事を持ち掛けられた。日本の定住対策の礎となる空家バンク制度をつくり出したスーパー公務員で、一緒に仕事がしたいとずっと思っていた人だった。定住対策を担当しており、新しい事業を考えようとしていた。

補正予算で急に予算が取れたと。いつもこのパターンなんだよ。二、三カ月で急に企画をつくり上げるようなこと、どこのコンサル会社もできないし、困りに困り果てて、声が掛かって。で、ビジネスコンテストをやってみようと。江津は定住対策の先進地だし、誘致企業も撤退したけど、後ろ向きに捉えないで、これからは企業誘致ではなくて起業家誘致だって。

一瞬で思いついたのは、自分が入賞し、起業の足掛かりになったＥＴＩＣ．の社会企業家を発掘するビジコン。岡山県西粟倉村で森の学校を立ち上げた牧大介さんなど、各地で活躍する人材を生み出したが、四回で終わっていた。

そのモデルを地方へ持っていったらどうかというところがつながって。東京でコンテストがあると賞金の持ち逃げのような問題があったりして。地方での定住対策とつなげてやると、持ち逃げを防げるよね。ある程度の確率でコミットしてくれることが確約されるんで。でも、だーれにも理解されなかったし。まぁ足も引っ張られたね。

ビジコンなら、生かしたい人材と地域のマッチングが、さらにうまくできるようになるのではないかと考えた。

逸材が現れた

中川さんの強力な後押しもあり、何とか実現にこぎつけた第一回目の江津市のビジコン「Ｇｏ－ｃｏｎ」に、応募してきたのが、「帰ってこれる島根」を掲げた本宮理恵さんだった。学生や社会人のインターンといったプランを提案していた。

逸材だと思った。一瞬で分かった。江津、石見は情報発信が下手で、インターンみたいな仕掛けもできてなかった。地域のいろんな動きをマネジメントしてくれる人が欲しいなって思っ

てて。

ちょうどビジコンの受賞者の受け入れ団体としてＮＰＯを立ち上げることが市からの要望で決まっていた。ＮＰＯ法人てごねっと石見。江津のひなびた居酒屋で、中川さんと理事長を務める横田さんと飲みながら、横田理事長、尾野副理事長という体制が決まった。横田さんは、江津市出身で、島根県と江津市の産業人材コーディネーターを務めていた。

地域の経済界に精通した横田さんが上にいてくれるのはホント助かった。よそものばっかりだと、結構嫌がらせみたいなの、あるよね。周りの支援機関も変なことを押し付けるとか。便利に使われちゃう。そこをあのおっさんが「ならんもんはならん」と言ってくれる。

そのてごねっと石見の初代事務局長に「こいつしかいない」のが、本宮さんだった。当時、ＥＴＩＣ．に行くか江津に来るか、迷っていた本宮さんから、メールが届いた。「長期的にみて自分のためになるのは一年間東京で働くことかもと思い始めている。江津市は「今」でないといけない理由はあるのか、後ろ盾があるからする！じゃなくて、後ろ盾がなくてもする！という状態まで、一年間追い込もうか。」悩んでいるとつづってあった。

尾野さんは、メールを送り返した。

たぶんＥＴＩＣでやったほうが、プログラムとしてはだいぶ進んでいるし、大量の案件が既にある中で、確実にキャリアアップできることは間違いありません。江津にいきなり入っても、一から作るのは正直しんどいですし、一人の無力さを感じることも多いでしょう。何もできずに終わるかもしれません。

おのも的確に一つ一つの仕事を指示している暇はないので、自分で考えないと何も作れないと思います。当方も山ほど情報量はありますが、それを限られた時間で引き出す工夫が必要です。漠然と思いつきばかり話しますので、自分なりにかみ砕いて自分で仮説を作って実行するプロセスが必要になります。答えのない世界で最適解を作り出して進むのは、人によって向き不向きがあります。不向きだと分かってしまったら、役場も周辺関係者も、相当冷たいです。

それらを踏まえ、何を望むかですね。長期的に考えキャリアを着実にこなすというのは、合っているようで実は大きな間違いだったりします。

この世界も変化が早いです。劇的に変化していきます。そんな中で「修行、修行」といって学びに快感を覚えてしまい、結局現場に出てくる機会を失ってしまった人は山ほど見ています。

また、特に女性は突然子どもができて二〜三年離脱しなければならないことも多いです。

例えばこれまでの仕事が、リクルートという会社〉経営陣のすごい人々〉マネジャーレベル〉若手社員といった扱いで動いてたとして、

ETICに行った場合、ETICの最前線のメンバーたち〉経験豊富なスタッフ陣〉新入社員くらいの扱いでしょうか。まぁ、社会起業家の世界のすごい人々に「個人」として向き合えるかというと、「ETICの誰々さん」程度にしか認識されないでしょう。

江津の場合は、江津に新しくできたNPO〉そこに入ったスタッフくらいに扱われるでしょう。責任も大きいですし、ネットワークも広がるはずです。

こう考えた場合でも、見方は色々あります。いきなり一段階飛ばして現場に出るというのは、自分としては合わないという考えもあります。もしくは、せっかく産業の最前線に出られるのに、「ETICの事務局の誰々」となるより、「江津の田中さん（本宮さんの旧姓）」になったほうが、得できるという考え方もあります。

これはその人次第でしょう。どちらがいいというものではありません。江津の田中さ

んとなると、人々との付き合いの幅は広がりますが、その分大変ですし、仕事ができなければ先ほども書いたようにあっという間に人々から無視されてしまいます。

また、江津で一年間待ってもらうという考え方もありますが、この世界、人気商売です。期待値が高まっているうちには何でもできますが、その期待値が一年間続くという保証は一切ありません。もしかすると、すぐに代わりの人が見つかってしまい、「ごめん、満員」という事態もありえます。

また、「今でないといけない理由探し」という、どうしようもない罠にはまっているようですが、謙虚に考えれば、せいぜい、触手を伸ばしてもらっている地域があって、期待されているうちに雇ってもらうというものではないかとも思いますが。まぁそれはちょっと厳しめの見方ですが、参考程度に。

江津としても、というか過疎地においても前例のない「コンテスト」という取り組みをして、どんな優秀な人が来てくれるのか!?という期待は高まっています。その「風」に乗るのは悪い話ではないかと思います。

そんなわけで、色々書いてしまいましたが、もう少し考えてみてください。

江津こそが、彼女の力が生かせる現場だと確信していた。こんなに長いメールを人に書いたのは、最初で最後かもしれない。川本町のエコカレッジ本社で晩酌をしながら、書いているうちにどんどん長くなっていった。数日後、本宮さんからは、江津でやってみようと決意しましたと返信が届く。距離を置いたETIC．から人をさらい、てごねっと石見は始動した。

全部俺のせいなんだ

その本宮さんが運営した翌年のビジコンに応募してきたのが、東京に暮らしながら、Uターンを考えていた三浦大紀さんだ。実は最初は印象が薄かった。ただ、仕事量が増えすぎ、本宮さん一人では、業務が回らない。国会議員秘書やNGOなど多彩な経験を持ち、まさに何でもできる三浦さんは、事務局を回してくれる人材として、石見で活躍することができると狙いを付けていた。

正直、彼のプレゼン自体はパッとしなかった。審査会で途中、落ちそうな感じもあったからね。ヤベーって思って。大変だったんだから。でもホント良い人が来てくれた。

尾野さんの強力な推薦もあって、受賞につながる。三浦さんはてごねっと石見のスタッフとして働き出し、本宮さんと二人で、地域をどんどん変えていく。プランと同じ企画会社「シマネプロモーション」を立ち上げ、卒業していった。尾野さんは、岩本さん、本宮さん、三浦さんという風の人を島根に引っ張ってきた影のプロデューサーだった。

そうそうそう、全部俺のせい。俺なんかさ、適当にやってそうに見える。まあ適当なんだけど。でもそれはそれで苦労もあるし、実は結構考えてて頑張ってる人なんだよってフォローしてくれる人、周りってそんな人ばっかだな。三浦くんにもめっちゃフォローしてもらってるな。本宮理恵もホントそうだわ。だからそういう人々のおかげで、俺はね。

エコカレッジ、海士ワゴン、てごねっと石見…、尾野さんは多くのものを生み出してきた。そしてつくった場からは立ち去った。尾野さんは常に何かを生み出し続ける。つくった土地からは距離をとり、次の何もない場所へ。そこでまたゼロから一を生み出す。

やっぱ今まで誰もやったことがないとか、そういうことをやるのが大好き。ゼロから一ってところを頑張っていると一を一〇〇にしてくれるすごい人が周りに現れる。それがすごい楽しい人だったりするんだよな。そういう人との出会いが一番。

時折現れるという、生み出した一をいきなり一〇〇まで押し上げてくれる、すごい人。尾野さんが「一番」と話すのは仕事を進めていく中での彼らとの遭遇だ。だが、そういう力を持っていても、全員が素晴らしい人であるとは限らない。

同じ一を一〇〇にする、そういう能力がある人でも、ゼロから一の苦労を分かって大事に扱ってくれる人と、「こういう風にやったら一〇〇になるじゃん、君、お疲れお疲れ」って上から目線の人がいる。世の中はそういう人ばっかりだな。

そして、同じ風の人でも、ゼロから一をつくる風の人もいれば、一を一〇〇にする風の人もいると感じている。

一〇〇にするのは、本宮理恵だったり、三浦くんだったり。悠くんはどっちかというとゼロから一の人。で、一が一〇〇になったらもう土の人が何かをやっていく。今はそういうステージなんだろうな。

逃げてれば何かいいことがある

あるとき、同級生が自殺した。「またか」と思った。これまでに一人や二人ではない。その多くが大企業や霞ケ関など大きな組織に務め、一生懸命、働いていた。やりきれなさをフェイスブックの投稿にぶつけた。

馬鹿馬鹿馬鹿馬鹿ああああ　何がつらかったんだお前。つらかったら、逃げればいいじゃないか。大企業からドロップアウトするって、もう戻れない世界に思えるし大変そうに思えるけど、実際はさっさと脱出してしまった方が気楽なんだってば。地方から見たら都市部の大企業がどれくらい例外的な存在か分かってるのか。俺たちは九九％だ！とは言わないが、それくらいのものなんだってば。いまこの立場でみんなに言えること。どんな状況だって絶対に死ぬな。みんな真面目すぎるんだ馬鹿野郎。逃げてれば何かいいことがある。お前の生き方が楽しそうって言ってたけど、俺だってどれだけ逃げ回ってきたか分かってるのか。逃げて批判されて、そんなことの繰り返しだよ。

若くして病に倒れた父親の姿と重なった。歯車になって、組織を支えて身を滅ぼすくらいなら、むしろ、積極的に逃げればいい。もっと働ける場所がある。自分も、深入りを避け、何足ものわらじをはいて布石を打ちながら逃げて来たからこそ、命をつないできた。

若いときからむちゃくちゃに動いて、布石を打っていたおかげ、っていうのは絶対あるよね。現場があるから、ギリギリ信頼してもらっていると思っている。本社のある川本から撤退するつもりはないよ。

ミイラ取りがミイラになる

二〇一一年、雲南市で、地域づくり人材を育成する「幸雲南塾」を立ち上げた。あっという間に全国に広がったビジコンだが、江津市以外では失敗例も相次いでいた。仮に優秀な人材を都会からさらってきても、受け皿がなければ力が生かせないのだと気付いた。そこで、受け皿をつくるためにも、地域で人を育てることにしたのだ。

地域のことに関心がある若者は結構いるけど、でも関わり方がわからない。そういう人が地域づくりに携わるための講座。あちこち回ってれば、年間一〇〇人くらいはこっちの世界に誘える。ようこそこっちの世界へ。最近はよくその声かけるな。

大きな影響を与えているのが、幸雲南塾の一期生で、塾を運営するために設立した中間支援団体のNPO法人「おっちラボ」理事長となった矢田明子さんだ。自らを「コミュニティーナース」と名付け、病院の中から飛び出して地域での健康づくりに取り組んでいる。今年度のおっちラボの事業計画を決めるとき、尾野さんは、これまでずっと務めてきた塾のメイン講師という立場から、塾生やOBがより地域とつながり、互いに学び合えるような次のステップの仕掛けをつくる立場へと変わった。

「講師にとどまるわけ？もう一段上に行けるよね。もっと強みを生かしていこうよ」と言われて、いや、参ったなーって。人を常にモチベートして、努力させる人。本人も努力しているし、本気でぶつかってくる。面白いよね。俺だって、手のひらでコロコロ転がされてる。

そんな矢田さんと、大学時代の強烈な同級生、長嶺さんをつなげたら最高に面白いのではないか。長嶺さんは医学部に入り直し、沖縄の離島・粟倉島で唯一の医師を務めながら、へき地医師対策に力を注いでいた。幸雲南塾の講師として長嶺さんを呼ぶと二人はあっという間に意気投合。矢田さんは「尾野くんが会わせたがっていたわけだわ。最高の縁をありがとう！」と喜んだ。

気が合うとは思ってたけど想像以上だね。移動続きの疲れも吹き飛んだ。自分としても一〇年越し。ホントうれしいことだよね。すげーかなわないなと今でも思うけど、変なコンプレックスはなくなったというか、なんか自分は自分でいいんだと思うようになったね。

人は、人で生かされる。人と人をつなげる醍醐味。自分自身も振り返ると、いつも救ってくれたのは、人だった。多くの人が関わってくれた。

若いころから考えたら、俺にかかったコンサル料いくらなんだって感じ。変わりたい、何と

かしたいと、もがいていたし、ホント、イタいやつだったと自分でも思うけど、でも、いろんな人が相手してくれた気がする。

おっちラボとは別に、尾野さんはエコカレッジの事業として、雲南市で元ミシン工場の倉庫を借りた。蔵書は川本の本社一万冊に対し、雲南は一五万冊。倉庫の管理や発送をする障害者雇用の作業所という枠組みで、障害者一〇人の雇用も始めた。最低賃金を払って雇用契約を結ぶA型。島根県でも全国でも、この過疎地で就労A型を展開するのは、前代未聞だ。

まさか自分が福祉に片足を突っ込むと思わなかったなあ。塾生として育ててきた、応援したはずの矢田さんにかえって俺が毒されているみたいな。ミイラ取りがミイラになるというか。全国駆け巡ってるのも、第二第三の矢田さんを発掘するために回ってるっていうのが半分くらいかもしんねーな。

組織から逃げ、マッチングまでという立ち位置にとどまることで地方と距離を置いてきた尾野さんが組織をつくりはじめ、深く関わりはじめた。地域づくり人材を育成する幸雲南塾のモデルが評価され、今年は全国十二カ所で同じような塾が開校されるまでに広がった。そのほとんどに塾長という立場で関わり、すべての塾に毎回顔を出しては驚かれている。

ETIC.から逃げて、島根をふらふらしてても、時代がついてきたというか。生き方とし

ては常に楽しいし、より自然だと思う方向に舵切ってきたつもり。全国ふらふらするのは、大好き。まあ年齢も重ねていくから、続けていくのかどうかってのはあるけどね。

取材が終わると、日が暮れかけていた。次は岡山で飲み会だ。尾野さんは一言残して去っていった。「ゆっくりしてってね。俺は出かけるけど」。

239　人を生かし、生かされる／尾野寛明

覚悟は決まった

島根の面白さは、私が一番知っているし、表現できる。ちょっとどころか、かなり調子に乗っていて恥ずかしいですが、尾野寛明さんの原稿を書く前は、心のどこかで思っていたような気がします。地元紙の記者として、ずっと島根を見てきたのですから。

でも、それはすぐに崩れました。取材では、尾野さんが「人さらい」として島根の風の人たちをつなげている様子を詳しく聞きました。岩本悠さんや本宮理恵さん、三浦大紀さんとのエピソードは初耳。島根を引っ張るキーパーソン三人は尾野さんとの縁がなければ、島根でチャレンジしていなかったかもしれない。「よし、これ、めちゃ面白い」。張り切って原稿を書きましたが「このままでは、なぜ尾野さんが人さらいをしているのか分からないし、外の人に伝わらない」と原稿を読んだ藤代裕之さんに言われ、はっとしました。

それは、私が、島根の中に届けることしか考えていなかった裏返しでした。これまでは地域の中の人に向けて、記事を書いてきました。読者は基本的に島根に住んでいる人で、地域に関心があることが前提です。島根のことを書けばそれだけでニュース価値があると、知らず知らずのうちに思い込んでいました。

でも、この本の読者は、島根を知らない人や島根自体には興味を持っていない人も含まれます。表層の出来事を伝えるだけでなく、「なぜ」を深掘りすることを含めた、もう一枚めくった普遍的な意味や本質を書かなければ、読んだ人に届かないし、価値あるものにならない。その意識が弱く、甘かったことを思い知りました。

尾野さんに頼み込んで再取材の約束をとりつけました。どこかに糸口がないか…。フェイスブックの尾野さんの投稿を、最初の二〇一一年から全部読みました。

再取材を経て原稿を書き上げた今、「外に届ける書き方がつかめました!」と言えたらいいのでしょうが、残念ながら、そんなきれいな物語にはなりません。こんなにも、難しいとは。悩みに悩んで、私なりに考えた軸で表現しましたが、読んだ皆さんのご意見をきかせていただきたいです。

ゼミ生の座談会を読み、ドキッとしました。「散らばっている風の人をつなげたり、世の中に顕在化させる田中さんの役割も大きいのかも」と書いてあったのです。今回、尾野さんや他の風の人の取材を通じて、島根でチャレンジする人の多さと層の厚さをあらためて感じました。これは、どこにも負けない、いまの島根の最大の魅力だといえるのではないか。島根以外の地域でも、面白いチャレンジをしている人や団体はたくさんありますが、それぞれ「点」にとどまっているように感じます。島根の「点」をつなげて「線」、そして「面」として表現し、発信していきたい。

今回のチャレンジで、超えるべき山の高さに気付いたといえるかもしれません。もっと島根の中と外をつなげたいとローカルジャーナリストになりました。島根を単に知っている、中に届けることができるというだけではなく、もっともっと外に届ける技術を磨かなくてはならない、チャレンジを続けなくてはいけない。島根の面白さは、私が一番知っているし、表現できると、胸を張って言えるように。覚悟が決まりました。

(田中輝美)

論考　日本には風の人が必要だ

日本には風の人が必要だ

藤代　裕之（法政大学准教授）

面白い地域は、なぜ面白いのか。そのヒントを探るため全国で調査を重ねていた。そこで見えてきたのが「風の人」という存在だ。

風と土が合わさり風土になる、という言葉は以前から地域でよく語られる。外部から変化をもたらす「風の人」と根を下ろし活動する「土の人」。この、両者がうまく混じり合うことで、新しい発想や視点が生まれていく。日本は、少子高齢化、人口減少というこれまでにない社会環境に突入している。だが、消滅するのは地域ではなく、人である。今、社会で最も貴重な資源は人なのだ。

何もない、つまらない

「何もない町でしょう」。出張で訪れた千葉県銚子市でタクシーに乗ったら運転手にこう話しかけられた。地元を走る銚子電鉄は、古い電車が走り、電車の修理代を支払うためにぬれ煎餅を販売して有名だった。「電車が有名なんじゃないですか」と水を向けると、「ボロくてどうしようもない。あんなのは地元じゃ誰も乗りませんよ」と悪口を言い始めたのだ。

運転手は「昔は高校もたくさんあって、裁判所もあって…」と続けた。駅前に延びるシンボルロードはきれいに歩道が整備されているが、シャッターが閉まった店舗と空き地になった駐車場が目立つ。典型的なさびれた地方都市の姿がそこにあった。

人口が減少して自治体が消滅する可能性がある。元総務相で東大の増田寛也客員教授らによる「日本創生会議」が二〇四〇年には全国一八〇〇市区町村の半分の存続が難しくなると予測した衝撃的な報告に、政府は地方創生に力を入れている。だが、産業が衰退し、若者が流出、高齢者ばかりとなった地方都市は、年金生活者が支える「老人経済」と「老人民主主義（シルバーデモクラシー）」に陥っているのではないか。

運転手が見ていたのは公共施設などのモノであり、言葉からは過去への郷愁と、他力本願がにじみ出る。変化を望まず、地域にある魅力には見向きもしない。「何もない」「つまらない」地方でよく聞く言葉は、住んでいる人がその地域の可能性を信じていないから出てくるのだ。

地域の人ではコトに気付かない

そもそも地域の人が自ら地域に眠る価値に気付くのは難しい。

筆者の出身地である徳島県には、上勝町と神山町という注目を集める町がある。上勝町は葉っぱビジネスを興した町として知られる。実は、徳島新聞で記者をしていた時代、この二つのユニークな町で起きているコトを見逃したという悔しい思いがある。

上勝町は、市町村数が三二三二から一八二一に減少した平成の大合併で合併に加わらず、四国で一番小さな町となることを選んだ。取材では将来を熱心に考える自治体という印象があったが、合併を進めたい当時の県からすれば煙たい存在だった。当時から葉っぱビジネスやごみゼロを目指す「ゼロ・ウェイスト」活動に取り組んでいたが、これほど全国から注目されることになるとは思いもしなかった。コピーライターの糸井重里さんが注目し、マイクロソフトが協力するようになった。

神山町は、クリエイターやＩＴ起業家が「せかいのかみやま」と呼び、移住やサテライトオフィスを開設する。高齢化率は四六％に達する山間部の過疎の町だが、二〇一一年度に転入者が転出者を上回るという快挙を成し遂げた。徳島新聞時代の認識は、町民らが、道路をきれいにするアドプト・プログラムや芸術家を呼ぶアーティスト・イン・レジデンスなどに取り組む一風変わった町。アメリカ帰りの人が中心だと聞いた。それが「創造的過疎」を掲げて地域再生を図るＮＰＯ法人グリーンバレーの大南信也さんだったことは後から知る。

地方メディアの課題

モノは分かりやすいが、コトは見えにくい。上勝も、神山も、取り組んでいたコトは地方メディアが考えている以上に価値があったのだ。東京など外のメディアや人によって「発見」され、評価され、気付いたときには地方メディアで扱えないほど有名になっていた。なぜ、地域の魅力を取り上げられないのか、それは日本のメディア構造に問題がある。

日本のマスメディアには、東京と地方という二つの大きな枠組が厳然として存在している。地方メディアには、東京や他の地方に直接情報を伝える仕組みはない。

テレビはキー局という仕組みがあり、地方のニュースは東京に集められて再配信される。地方局が地方内のニュースを流すことはあるが、別の地方の情報はキー局で扱われなければ各社に流れることはない。新聞では、全国紙や通信社ではテレビと同様に、地方の情報は支局を通じて一旦東京の本社に集約される。地方紙は、世界や日本各地のニュースを地方に伝えることと、地方内の出来事を共有すること、という役割を担っているにすぎない。地方紙は東京に支社を持つが、出身の政治家や関連する省庁の政策や予算を取材するために設置されており、地方の情報を東京に発信することはない。

だからこそ地方メディアは地域の魅力には気付かないし、人々は東京と地方を二極対立的に捉えてしまうのだ。

「よそもの、わかもの、ばかもの」の限界

新たな視点で地域を切り取り、見えないコトに気付くためにはどうすればいいか。地域活性化ではよくいわれる「よそもの、わかもの、ばかもの」の存在が必要だ。コトに気付くのは外の人。固定化された人間関係では気付かない、異分子が入り込むことで「発見」が促される。

だが、活性化策では、人口を増やすためにIターン、Uターンといった定住が重視されてきたことで、「よそもの、わかもの、ばかもの」の力を削いできた。地方創生で注目される地域おこし協力隊という仕組みがある。都市に住む住人が、地域のブランド化や地場産品の開発やプロモーションを担うと同時に、定住・定着が求められる。そのことが、中途半端な立ち位置を生み、しがらみで身動きがとれなかったり、十分な取り組みができなかったりするケースがある。

全国の地域おこし協力隊が中心となってつくる村楽LLPという団体は、フェイスブックで「地域おこし協力隊『失敗の本質』」という情報を発信している。そこには、「地域に自分の子供が戻ってこない理由に向き合う必要がある」「主役は地域住民で協力隊はあくまで裏方」と受け入れ側の意識変革を問う言葉が並ぶ。

「よそもの、わかもの、ばかもの」は地域の都合に合わせて、新しいコトをやってくれるわけではない。また、定住すれば「よそもの」ではなくなるし、「わかもの」もいつしか年を取る。「ばかもの」は沈黙するか、去っていく。

コトを見つける「風の人」

そこで、よそもの、わかもの、ばかもので、あり続けることができる風の人が必要になる。新たなコトを見つけ出し、価値を創ることは、これまでの地域の考えや方法を否定し、波風を立てることもある。異質な物や考えを運んでくることは、あつれきを生む原因にもなる。地域に根ざし、これまでの取り組みを守る土の人には都合が悪いことも多い。

異分子であり続けるためには、風を運び、風を起こし、その地域を去る自由が保証されていなければならない。風の人を地域に縛り付け、土の人になることを求めるのではなく、回り道のようだが、風の人が行きやすく、過ごしやすい地域にしていく必要がある。森の学校で知られる岡山県西粟倉町の地域おこし協力隊のポスターは「定住しなくていいんです。」だ。

一方で風の人は地域への強い思いやアイデアがあるものの、独創的なアイデアは、理解されずに、誤解されたり、無責任だと批判されたりすることも珍しくない。この本に登場する風の人のエピソードを読むと、風の人を受け入れ、粘り強く活躍の場をつくりだす土の人がいることに気付くはずだ。地域には、土も風も、両方欠かせないのだ。風の人に「来てくれてありがとう」と言える地域が生き残っていく。

ソーシャルでつながる

風の人にとって重要なことは各地の風の人とつながっていることだ。

勤めていたリーマン・ブラザーズ証券が経営破綻し、実家に帰った眞鍋邦大さんはこれまで気付かなかった瀬戸内海の豊かさに気付き、地域おこし協力隊になり小豆島で起業した。眞鍋さんは毎日フェイスブックに取り組みや思いを綴る【ポン真鍋新聞】をアップする。そこには、全国で地域のコトに取り組む同じ志を持つ仲間がコメントで情報交換する。

フェイスブックやツイッター、ブログといった、ソーシャルメディアは、風の人のつながりを強化する。この本に出てきた岩本悠さんは学生時代からブログを書き、本宮理恵さんはツイッターで「島根をもっともっと面白くするぞ」と宣言し、見ず知らずの人たちからも後押しされた。隠岐島前病院の白石吉彦さんはフェイスブックを活用して口コミで島に人を集める。

発信することで、つながりが生まれ、常に新しい人と触れ合うことでアイデアが生まれる。そして交流はネット内にとどまらない。イベントを行い、講師となり、リアルに広がっていく。

このような交流により生まれる生産を眞鍋さんは「仲間経済」と呼ぶ。これは、地縁でもなく、血縁でもない、新たな関係だ。眞鍋さんは言う。「物質的な成長ではなく横につながり、広がっていくことが重要だ」と。風の人は、ソーシャルメディアでつながり、仲間となり、風の人であり続けることができるようになった。

マスメディアは東京と地方という対立的な視点でしか地域を見ることができていない。風の人は地域の見えないコトを発見するだけでなく、つながりを生かして他の地域にも伝達してくれる。この新しい動きを今度こそ見逃さずに伝えたかった。

風と土、どちらもなれる

異分子であり続ける風の人と、地域に根を下ろす土の人は、本来まったく別の役割を持つが、どちらにもなれる。土の人であっても、風の人とつながれば、役割を変えていくことができる。人はあるときは風であり、あるときは土でありえる。そんな人が増えることで地域には新しい風が吹き続ける。

学生による座談会「風の人とは何か」

学生による座談会
「風の人とは何か」

〈メンバー〉
法政大学社会学部藤代ゼミ

有賀　愛
大谷和佳子
櫻本静香
須藤永里子
関根拓郎
寺田匡志朗
永山孝太
沼能奈津子
坂井友紀

藤代ゼミでは、二〇一五年一月から半年以上かけてプロジェクトを進めてきた。都会のゼミ生にとっては「地方」や「地域」という言葉すら興味がなく、地方出身のゼミ生にとっては面白くない地方に帰るか都会に残るかは大きな問題だった。都会か、地方か、それは交差しないように見えた。

——「風の人」ってどんな人

沼能　私の地元（福島県浪江町）には、いないと感じた。同級生の親がどんな職業かも分かる環境で、就職先は、公務員か銀行か地元のメーカーしかない。

有賀　取材前は埼玉に住んでいるのでピンともこなかった。それに就職先が公務員か銀行かと言われてもそんな狭い選択肢しかないのに驚いた。

大谷　風の人はないならつくるって人ばっかりだったよね。ないならつくる精神。

櫻本　異分子であり続けること。白石さんは自分が旅人と言って、一七年もいるじゃん。普通は風の人ではなくなる気がするんだけど、染まらない感じ。

寺田　自由さ。ぱっと見て分かる自由さがある。白石さんの赤いオープンカーとか、フロッグマンの帽子とか、見た感じが地方の風景に馴染んでない。

有賀　三成さんも奥出雲でヒールを履いている異分子感がすごい。キラキラしてた。

大谷　ただ、風だから行き先を選べないのかもね。

関根　確かに行き当たりばったりというか、ひょいって決めるんだなって。岩本さんは飲み会で海士に行くことを決めたんだけど、いいと思ったら行っちゃう。

沼能　フットワークが軽いよね。演劇やる?と聞かれて「やってみよう」と行動する。

須藤　そのままだったら普通の人生を歩むはずだったけれど、思いがけないハプニングがある。三浦さんだと手紙とか、フロッグマンだと偶然行った島根とか、そのまま終わらないこと。

——風の人にはどうすればなれるのか

櫻本　人はどうやって風になるんだろう。違う地域を見て帰って来たからといって、全員が風の人じゃないよね。

大谷　もっと良くしよう、ちょっと良くするには何をやろう、と問題意識がある。地元のことを悲観していない。

有賀　可能性があるっていうか、信じる?

永山　地元の固定観念にとどまることなく、進んで行く人なのかなって。目線が他の人と違う気がする。

関根　自信も必要じゃないかな。その地域でやれることが分かると自信がつくのかな。どのスキルが武器になるか分かると拠り所になるのでは。

有賀　三成さんは途中まで風の人じゃなくて、人に出会って人生が変わった。変わりたい、変わらなきゃ、と思っているんじゃないかな。

寺田　二つある。一つは他の地域に行くことで二つ以上の視点が手に入る。とどまっていたら中の視点しか手に入らない。もう一つは素直になること。やりたいと思ったらやる。自分の感情に従う。

永山　変われない人は人のせいにしているなあ。最後は自分の問題に帰結する。地域のせいだったり、人のせいにしたりしない。

寺田　自分に嘘をついちゃいけない。自分に正直に生きるのが大事なんだよ。

坂井　流されることを楽しむ。「縁」とか「運」とか自分ではどうにもできないことに感謝の気持ちを持つ。

――土の人の役割

沼能　土がないと風になれないんじゃないかなあ。地域に良くなってほしいと思うのは土の人も同じだけど、風の人を受け入れない土壌があると地域に入ってこれない。土の人は、いままで自分たちがやっていないやり方で地域を変えよう、興そうという風の人を冷めた目で見てしまうところがある。

寺田　ここはオレたちの土地だから、と邪魔しちゃうのがダメなのかな。土の人も一緒に吹かれよう。風の人の提案に「なるほど」とのってみる。そしたら土が飛んでシャッフルされる。

関根　そうは言っても、どのコミュニティでも、外から来た人の意見を聞くというのは難しい。

櫻本　一度出て、帰ってきた元土の人がつなげばいい。両方知っているから、風の人も受け入れることができる。地域を知らない人もつなぐことができる。

有賀　三成さんは、風の人にもなれるし土の人にもなれると言ってた。

大谷　地域で信頼されている人や一目置かれている人が、「外の人の意見も聞いてみたらどうか」と後押しするのはどうか。

永山　本宮さんがてごねっと石見で活動することになったとき、理事長さんが本宮さんに「春が楽しみだ」と声をかけて、理事長が話す予定だった講演に「とりあえず話してみなさい」と任されたんだって。

沼能　西藤さんには地元の三刀屋高校の亀尾佳宏先生の後押しがある。

関根　風の人は、変な人で終わっちゃいがちなので、「じゃあおいでよ」と風の人を地元に招いて支援する人が必要。

坂井　土の人も地域の可能性を諦めたらダメなんじゃないかな。

――都市と地方の位置付け

櫻本　都市＝いろいろある、地方＝何もない。この考えは取材に行った後でも根本的には変わらなかった。ただ、地方には何もないというよりは、私のやりたいことは何もないという解釈に変わった。私にとってのやりたいことは、「やりたいことを東京で行う」というところまで入っている、だから東京がいい。

有賀　私も都市は何でもあって、地方には何もないというイメージは変わらなかったけど、地方でもやろうと思えば都会と変わらない生活や仕事が手に入るんだってことが分かった。多少なりとも不便さはあるけど、将来地方に移住することも視野に入れるようになった。

坂井 東京に住んでいると「全国」とか「グローバル化」という言葉をよく聞くけれど、地方では「地元を活性化」という言葉になるんだな、って思った。

大谷 都市は新しいものがあって、地方はそれを後追いしている、だから最先端のことに触れたかったら東京に行くのが一番だ！っていう考えが変わった。東京は人の行き来が多いから、いろんな人や情報が集まる場所にすぎなくて、新しいことは地方でも起きている。

関根 東京ならあるものを組み合わせたりしながら新しくできるけれど、地方なら、まずないからそこに合わせて全部つくらなきゃいけない。どっちも面白そうだけど、今は組み合わせるほうが面白そう。

沼能 「できない」と諦めるのではなく、どうやったらできるのだろう、と方法を探し、やりたいことの実現に向けて突っ走るのは自分自身で、都市か地方かという問題ではない。

須藤 プロジェクトに取り組み始めたときは地方について聞かれても「分からない」という空気があったよね。取材を通してそういう空気がなくなった。地方の話を「興味がないもの」「関係がないもの」としてシャットアウトしてしまうことがなくなった。

――島根に風の人が多い理由

沼能 どこにでも風の人は存在し、活躍をしていると思うので島根だからという理由は見つけられなかったかな。

有賀 島根は鳥取とよく間違えられたり、地方の中でもぱっとしないからじゃないかな。だからこそ、自分たちが盛り上げなきゃ！って思っている個性的でパワフルな人たちが多く集まってくる。三成さんや三浦さんが「島根には私がいるよ」と言っていたのが印象的だった。

櫻本 しいて言えば、入り込む隙がある。三浦さん風に言うと、島根県は他の県によりも穴だらけということになるのでは。

関根 過疎が日本でもかなり進んでいるという部分で危機感を持っている人がいる。土の人にも変わろうという感じがあるから、全体に伝わっていくんじゃないかな。

坂井 人口密度が小さいからこそ、「自分がやるしかない！」と思えるのかもしれない。東京だったら、「誰かやってくれるっしょ」と思ってしまう。

大谷　風の人は知られてなかったり、自分が風の人だって気付いてない人が多いんじゃないかな。取材した人たちはみんな自分のやってることを楽しんでいて、「自分たちは風の人だから地域をなんとかしなきゃ！」とは思ってない気がする。

須藤　散らばっている風の人をつなげたり、世の中に顕在化させる田中さんの役割も大きいのかも。

永山　人は人が集まるところに集まると考えてる。もし島根から次の土地に風の人がごっそりと移動しても、江津のビジコンで地元の人が立ち上がったように、新しい事業とかができて、人が集まる場所になってる。

――風の人になりたいか。

大谷　超なりたいって。明日でもなりたい、ちょっと言い過ぎた。今は風じゃないけど、何かやるなら風のようにやりたい。何がやりたいか分からない。卒業したら地元に帰ろうとは思わないけど、何かのタイミングが巡ってきて、帰ることになったら、風の人を知っているのはラッキー。

寺田　なりたい。自分に正直に生きたいから。

沼能　もう土の人にはなれない。原発の避難区域になっていて地元に帰れないので。

櫻本　なりたいって思わない。ずっと東京にいたい。田舎は人とのつきあいに疲れると思った。温かすぎて東京の人の冷たさがちょうどいい。

関根　どっちかと言ったらなれると思うかな。やりたいことがはっきりしていないけど、好きなことが見つかったら気にしないのかなって。チャンスは島根だけじゃないかもしれないし、東京だけじゃないかもしれないし。

有賀　なれると思ってる。やりたいことがいっぱいあるから、将来は転職をするとも う既に決めている。舞台に関わりたいし、デザインの仕事も気になるし。スキルを持ってどんなところでも働ける専門職になりたい。

櫻本　へえーーーー。

坂井　なれるものならなりたい。キラキラしてるから。

おわりに

田中　輝美

幻の企画書があります。「島根を変えた10人」。この本に登場した多くの人の名前が含まれています。

この本に登場した八人に出会ったのは前職の山陰中央新報社の記者時代でした。取り組みを取材し、新聞記事として何度か紹介するうちに、彼、彼女たちの生き様をもっと深く伝えたい、いや、伝えなければ、と思うようになりました。こんなにチャレンジしている面白い人たちがいる。伝える価値は絶対にある。突き動かされるように〝書きたい熱〟は高まる一方でした。ただ、新聞社時代は縁がなく、結果的に、陽の目を見ませんでした。

ローカルジャーナリストとして独立したことをきっかけに、幻の企画書を復活させ、島根の面白さを人を通して伝える本を、出版したいと考えるようになりました。

ジャーナリストの役割の一つは「つながりをつくること」だと考えています。特に私が問題意識を持っているのが、地域の中と外とのつながりをつくることです。特定の地域で発行される地方紙は、地域の中で信頼され、情報を共有する上ではとても強い存在ですが、現在のビジネスモデルでは、地域の外に情報を届けることはあまり得意ではありません。もっともっと外に向けて発信し、届け、つなぐことに、チャレンジしたい。出版なら全国に届けることができます。

今回、地域応援型のクラウドファンディング「FAAVO島根」でプロジェクト「島根発ローカルジャーナリストの挑戦！〝島根の面白い人〟紹介本を作りたい！」を立ち上げて、共感してくれる支援者を募りました。

応援してくれる地域の人たちと一緒に本をつくって、全国に発信する。そうすれば、単に自分で本を執筆して出版するより、少しでも多くの人に届き、より地域の中と外をつなげることができるのではないか。それは、地域からの新しい情報発信の形にもなると考えたのでした。

FAAVO島根でプロジェクトがスタートした二月四日。目標を三〇万円に設定してみたものの、本当に共感してくれる人がいるのか、不安で不安で、逃げ出したいくらいの気持ちでした。

公開直後から、ぐんぐん伸び、なんと二四時間以内という猛スピードで目標額を突破。たくさんの方が、直接の支援だけでなく、拡散や声がけなどで広げてくれました。支援者は一五九人、目標額に対する達成率は三二四％にもなりました。島根を発信したい、応援したいと思っている人たちがこんなにいるなんて。そして、実際に一緒にチャレンジできる。プレッシャーとともに、ワクワクする気持ちが抑えられませんでした。

「本の完成が楽しみです！」「ローカルの中でも陽の目を見ていない方々の頑張りをとりあげてください！」「島根にはこんな面白い人がいる！　一人でも多くの方に知っていただくきっかけになればいいなと思います」「待ち遠しいです」。いただいたコメントの一つ一つが取材、執筆を進める原動力になりました。

また、この本は、東京にある法政大学社会学部藤代ゼミの学生と一緒に取り組むという珍しいスタイルになっています。印象的だったのは、三浦大紀さんに出会って「カッコいい！」と興奮していたゼミ生たちの姿です。私自身はこれまで、シマネプロモーションを立ち上げたという表面的な意味を超える、三浦さんが地域に与えたインパクトは何だろうと悶々と考えていたのですが、その姿を見て、三浦さんは若い人にとって憧れの存在で、おかげで地域で働くこともカッコいい！　って思われるようになった、それが大きなインパクトなんだなと気付きました。

三浦さんだけではありません。ゼミ生は、風の人たちに触れ、ないならつくればいい、やりがいや働き方を決めるのは場所ではなく自分自身なのだと、どんどん変わっていきました。島根に縁もゆかりもない学生が、目をキラキラさせている。やっぱり、地域をつくるのは人で、人が面白い地域が面白くなるのだと確信しました。

島根や全国各地にいる「潜在的チャレンジャー」ともいえる、こういう人たちにこの本を読んでもらって、地域づくりでも自分の職業選択でも一歩を踏み出す後押しができるものを目指したいと思うようになりました。それが、面白い地域づくりにもつながる。

この本に登場したのは八人ですが、「風の人」は島根に他にもたくさんいますし、全国各地にいます。風の人と土の人がつながり、チャレンジが次々と生まれている様子を書きましたが、これも島根だけの特別な話ではありません。他の地域にも当てはまることです。どの地域でも、風の人を呼び込み、土の人が一緒になって、地域をつくることができる。つまらない地域も人生もない。誰だって、どこに住んでたって、自分で面白くできる！　そう感じてもらえたなら、何よりもうれしいです。

ゼミ生が書いた風の人たちの原稿を読みながら、あらためて感じたこともありました。今では地域にインパクトを与えている人たちばかりですが、チャレンジの途中では、苦しいことや投げ出したくなるような壁に必ずといっていいほど直面していました。新しいチャレンジには、抵抗や壁がつきものなのです。でも、決して諦めずに、もがきながら、一歩一歩、望ましい未来の方向を選んで進んでいく。その積み重ねの先に、今の姿があります。諦めないでほしい。これから何かチャレンジしようという人にも、参考になればばと願います。

私の力量が至らない中でも、この本が形になったのはたくさんの方々のお力添えがあったからです。多忙な中、快く取材に応じ協力してくださった八人の風の人たちに心より感謝を申し上げます。一緒に企画し、取り組んでくれた藤代裕之さん、そして、藤代ゼミ生たち。ゼミ生たちはアルバイトをして島根を訪れるお金を貯め、密着取材をし、原稿執筆では、何度も何度も、数え切れないくらい、書き直しをしました。

学生は文章を書くプロではありません。ジャーナリストの大先輩である水島宏明さんに「人間を描くというのは、その人間の『核心』をつかんで外に向けて表現する。プロでなくても責任は重大で冷静に考えればとっても怖い行為だ」と厳しいアドバイスをいただきました。ゼミ生たちと一緒にこれでいいのか、もっと違ういい表現があるのではないか。繰り返し議論し、練り直し、言葉を絞り出していきました。

地域から発信するからには、やはり、東京ではなく、地域の出版社から出したい。

こう願っていた中で、出版を引き受けてくれたのが、地元・松江市のハーベスト出版でした。学生の感性を生かした本づくりを導いてくれたハーベスト出版の福田衆一さん、沖田知也さん、安西生世さんには感謝しています。的確な指摘やアドバイス、ありがたく、心強かったです。

島根の仲間である「シマブロ！」のメンバーには、最初から最後まで助けられっぱなしでした。他にもゼミ生を泊めたり、世話をしてくださったりした方々、またクラウドファンディングでのプロジェクトをサポートしてくれた島根県庁のしまね暮らし推進課のスタッフにも感謝の気持ちでいっぱいです。まだまだ他にもお礼を申し上げたい方の顔が浮かびます。あまりにも多く、ここには名前を挙げきれませんが、あらためてお礼を伝えたいと考えています。

振り返れば、山陰中央新報社時代から、社内外のたくさんの方々に育てていただいたから今があります。若いころから「やらない後悔よりやった後悔」とがむしゃらで、生意気ばかりでした。それでも、厳しくあたたかく指導してくれた上司と先輩、切磋琢磨した同僚、支えてくれた後輩。前例がないことにもチャレンジさせてくれる、素晴らしい環境に恵まれました。原稿が思うように書けない。取材がうまくいかない。落ち込んだとき、苦しいとき、たくさんありました。それでも結局、取材に出掛け、地域の人たちから話を聞くことが、最大の回復薬でした。感謝してもしきれません。

そして、クラウドファンディングを通じて、この本づくりを応援してくれた方々がいなければ、この本は生まれませんでした。私や藤代ゼミの本ではありません。関わってくれた皆さんの本です。

こうして、地方紙時代だったら、地域の中にしか届かなかったかもしれなかったものが、今回、クラウドファンディング、出版社も含めて、地域を思う人たちの力が集まり、本として全国に発信することができました。地域からの新しい情報発信の形として、一つのモデルになれば最高に幸せです。

どの地域でも、風の人を呼び込み、土の人が一緒になって、地域をつくることができると書きましたが、それと同じように、どの地域にもある「これはどこにも負けない！」というものを磨いて、みんなで一緒に発信していくことも、どの地域でもできます。こんな取り組みが他でも広がっていけば、地域も日本も、もっともっと面白くなる。さあ、次は、あなたの出番です。

Special Thanks

青山敦士、赤倉優蔵、明知隼二、安食健太郎、阿部志朗、安部睦美、荒川長巳、一色涼、井出祥子、伊藤範子、伊藤誠、伊藤美奈子、糸原るい、稲増佳代、井上望、今井亮太、祝前伸光、岩谷圭、植田和枝、上田順亮、上田素衣、上村公一、梅木紀美子、江角学、枝廣淳子、江原彰吾、塩谷禎、太田直宏、太田雄基、大槻浩之、大貫陽平、岡幸代、小笠原勝司、小笠原啓太、岡田眞太郎、岡田磨里子、岡部有美子、奥田有祐実、尾崎浩一、尾田洋平・真純、落合孝行、景山厚、梶谷彰男、加島浩介、金子英一郎、金子正彦、加納亜弥、烏田範昭、川田のりよし、川中努、川西由里、岸良助、岸本佳美、北村浩司、久保里砂子、久保田夕、熊野清子、Green's Baby、栗栖明知、栗栖真理、河野智彦、小加本行広、小島有加里、小藤宗相、小林淳子、五味馨、佐伯学、ささきあつし、佐々木遼、佐次俊一、澤田恭一、宍戸文子、宍戸俊悟、清水陽介、荘川敬、庄司健、庄司智昭、白築敏彦、宍道勉、角幸治、角夏美、角真理子、須山智帆、曽田周平、曽根田和久、多賀法華、高橋章郎、高橋尚寿、瀧野信一、田倉大輔、竹内俊勝、武田勇也、竹野内崇宏、多々納正義、伊達真由子、田中景子、田中壮一、田中工・妙子、常松直子、栂慈子、富田勇治、富村耕太郎、鳥谷健二、中井宏二、永井奈緒子、中尾祥子、中澤太輔、中筋堂雄、名原啓博、奈良井健悟、錦織宏、西山彰、野田哲夫、野津明美、野津知恵、橋本文子、長谷川泰子、浜崎しんじ、林恭一、原田博子、坂東朋子、福田一斎、福頼尚志、藤原啓、藤原整二、藤原秀晶、布野直美、古屋了奨、盆子原照晶、盆子原みづほ、毎熊浩一、松浦悠、松島彩、Masako Matsumoto、松本真由美、松本悠、三浦類、南彰、三成由美、三宅幸恵、三好大助、椋由紀、村岡詩織、村川信佐、賣豆紀宗、売豆紀拓、本宮理恵、森田一平、森田裕典、森山忍、安田陽子、矢田明子、山内道雄、山尾中希、山口由美子、山下直人、山田真嗣、山田雅俊、山中和久、山村哲史、山本明範、吉川敏彦、吉田篤史、吉田勇太、吉元操、来須智子、和田真成、和田裕子　（敬称略、50音順）

クラウドファンディング「FAAVO島根」などを通じて
ご支援いただきました。本当に、ありがとうございました！

【著者略歴】

田中輝美（たなか・てるみ）
ローカルジャーナリスト。島根県浜田市生まれ。山陰中央新報社で記者をしながら、地域で働く喜びに目覚める。琉球新報社との合同企画「環りの海―竹島と尖閣」で2013年日本新聞協会賞受賞。有志でブログ「シマブロ！」を運営し、100人規模のイベントを開催。2014年秋、独立。日本ジャーナリスト教育センター（JCEJ）運営委員。共著に『環りの海』（岩波書店）、『未来を変えた島の学校―隠岐島前発ふるさと再興への挑戦』（同）。

藤代裕之（ふじしろ・ひろゆき）
法政大学社会学部メディア社会学科准教授／ジャーナリスト。広島大学卒。徳島新聞社で記者として、司法・警察、地方自治などを取材。NTTレゾナントでニュースデスクや新サービス立ち上げを担当し、2013年から現職。日本ジャーナリスト教育センター（JCEJ）代表運営委員。著書『発信力の鍛え方』など。ソーシャルメディア時代のジャーナリズムやメディアのあり方を研究する中で、地域からの情報発信に関心を持ち実践活動を行っている。

坂井友紀（さかい・ゆき）
法政大学社会学部社会政策科学学科４年。北海道札幌市出身。
北海道にいたのは３歳まで。心がジーンとするのが好き。

有賀　愛（あるが・まな）
法政大学社会学部社会政策科学学科３年。埼玉県越谷市出身。
誰かを笑わせることや楽しいことが好き。

大谷和佳子（おおたに・わかこ）
法政大学社会学部メディア社会学科３年。三重県四日市市出身。
新しい事に出会う感動が好きで、宇宙旅行が夢。

須藤永里子（すとう・えりこ）
法政大学社会学部メディア社会学科３年。埼玉県戸田市出身。
活字が好きで、喫茶店で読書が一番の幸せ。

関根拓郎（せきね・たくろう）
法政大学社会学部メディア社会学科３年。東京都江戸川区出身。
小中高とサッカー一筋。とにかく負けることが嫌い。

櫻本静香（さくらもと・しずか）
法政大学社会学部メディア社会学科３年。東京都多摩市出身。
座右の銘は「人生、欲張って生きる」

寺田匡志朗（てらだ・きょうしろう）
法政大学社会学部メディア社会学科３年。出身は千葉県我孫子市。
アニメ等の日本のサブカルチャー全般が好き。

永山孝太（ながやま・こうた）
法政大学社会学部メディア社会学科３年。埼玉県さいたま市出身。
最近は自作パソコンに手をだそうか迷っている。

沼能奈津子（ぬまのう・なつこ）
法政大学社会学部メディア社会学科３年。福島県浪江町出身。
食べることと散歩することが好き。

編集スタッフ
●取材
坂井友紀、有賀　愛、大谷和佳子、櫻本静香、須藤永里子、関根拓郎、
寺田匡志朗、永山孝太、沼能奈津子、藤代裕之（法政大学藤代裕之研究室）
田中輝美
●撮影
法政大学藤代裕之研究室
山田泰三（ゆく写真館）
渡会春加
●ブックデザイン
西村亮子、永島千恵子（ハーベスト出版）
●編集
北村奈々絵、興梠紗和、沢津橋真子（法政大学藤代裕之研究室）
福田衆一、沖田知也、安西生世（ハーベスト出版）

＊本書の掲載内容は2015年８月時点のものです。

地域《ちいき》ではたらく「風《かぜ》の人《ひと》」という新《あたら》しい選択《せんたく》

2015年８月11日　初版第１刷　発行
2015年９月16日　初版第２刷　発行
2018年２月26日　初版第３刷　発行

著者：田中輝美
法政大学社会学部メディア社会学科藤代裕之研究室

発行：ハーベスト出版
島根県松江市東長江町902-59
TEL0852-36-9059　FAX0852-36-5889
E-mail harvest@tprint.co.jp
URL http://www.tprint.co.jp/harvest/

印刷製本：株式会社谷口印刷

Printed in Japan
ISBN978-4-86456-156-3 C0036